AF200850

Jean-Pascal Ansermoz

The Edge

Zum Buch

In der heutigen Welt geht alles oft viel zu schnell. Der moderne Mensch fühlt sich gestresst, hat Mühe abzuschalten. Hast auch du das Gefühl, nie die Zeit zu finden, um dich mit deinen Wünschen auseinanderzusetzen? Sehnst du dich nach einem leichteren Leben, nach Einfachheit und Schlichtheit, nach Zeit für dich und für die Menschen und Dinge, die dir wirklich wichtig sind? Hast du Träume und Wünsche, die du verwirklichen möchtest, weißt aber nicht, wo du damit beginnen sollst? Hier die gute Nachricht: Es gibt einen Weg, mehr Zufriedenheit zu erfahren. Hierzu braucht es oftmals nicht einmal große Veränderungen. Denn auch mit kleinen Schritten kann man lange Wege gehen. Um dir diese Schritte zu zeigen, habe ich dieses Buch geschrieben.

Zum Autor

Jean-Pascal Ansermoz wurde als Schweizer im September des Jahres 1974 in Dakar (Senegal) geboren. Er ist einer, der mit Leichtigkeit über den Röschtigraben springt, schrieb er doch bis 2009 nur in französischer Sprache. Weltenbürger, Romand und Deutschschweizer in einem: ein Autor mit Hang zum Kriminellen, aber auch zu Poetischem, Literarischem, Alltäglichem und Besonderem.

Mehr Infos unter: **www.jeanpascalansermoz.ch**

Jean-Pascal Ansermoz

The Edge

*Wie du innere Hindernisse benennst
und Ressourcen aktivierst*

© 1.Auflage 2019 *Jean-Pascal Ansermoz*

ISBN: 978-3-7504-0281-2

Herstellung und Verlag: BoD – Books on Demand, Norderstedt

Lektorat: Michael Lohmann, Worttaten.de
Umschlaggestaltung & Satz: AZ Productions, Fribourg (CH)
unter Verwendung eines Bildes von LuizClas/pexels.com

Die Deutsche Nationalbibliothek verzeichnet diese
Publikation in der Deutschen Nationalbibliografie; detail-
lierte bibliografische Daten sind im Internet über
http://dnb.dnb.de abrufbar.

Inhaltsverzeichnis

3. Teil
Helfer und Wegbegleiter

»Dein Leben, so wie es jetzt gerade ist, ist kein Zufall. Es ist das Ergebnis von Entscheidungen und Handlungen, die du vorher getroffen hast. Diese Entscheidungen basieren auf deinen inneren Überzeugungen, die in deinem Unterbewusstsein abgespeichert sind. Wenn du deine inneren Überzeugungen veränderst, veränderst du deine Welt.«

Laura Malina Seiler

»Bevor du jemanden heilst, frag ihn, ob er bereit ist, die Dinge aufzugeben, die ihn krank gemacht haben.«

Hippokrates

Wie es zu diesem Buch kam

Ich habe gehört, das Leben sei wie ein Spiegel. Unsere Welt gibt uns ein Bild von uns zurück, dass wir an manchen Tagen gern, an anderen nur mit Mühe akzeptieren können. Eines ist jedoch sicher. Lächeln wir nicht zuerst, wird es aus dem Spiegel auch nicht zurücklächeln.

Der Zug kam mit mehr als drei Stunden Verspätung endlich im neuen Tag an. Das Datum hatte gewechselt und digitale Uhren sich auf die Nullstunde zurückgestellt.

Nochmal von vorn also.

Ich war der langen Reise müde und in meinen Gedanken waren natürlich andere daran schuld.

Bist du auch schon mit dem Gefühl aufgewacht, nicht mehr wirklich lebendig zu sein? Als wär dein Leben ein Film in dem du nicht mehr die Hauptrolle spielst? Der Stress der Reise hatte mich zermürbt und fast alles um mich schien sinnlos, deprimierend und leer zu sein. Ich beschloss an diesem Tag, auf diesem Bahnsteig, dass ich mich nie mehr so allein und hilflos fühlen wollte. Das Leben kann aufregend sein. Und lebenswert. Hell und leicht.

Schon wieder ein Buch über Selbstoptimierung also? Schon wieder so jemand, der mir weismachen will, dass das Leben ein Wunschkonzert ist? Wieso solltest du deine Zeit damit verbringen, dieses Buch zu lesen, wenn du dich doch auf Instagram durch Dutzende von Katzenfotos scrollen kannst? Die Antwort ist einfach: Du musst es nicht. Und hast es auch nie gemusst. Fakt ist, wenn du diese Zeilen liest, zeigst du bereits ein gewisses Interesse daran, dich mit diesem Thema zu beschäftigen. Und ich kann dich beruhigen: Du bist nicht die einzige Person auf diesem Weg.

In der heutigen Welt geht alles oft viel zu schnell. Der moderne Mensch fühlt sich gestresst, hat Mühe abzuschalten. Hast auch du das Gefühl, nie die Zeit zu finden, um dich mit deinen Wünschen auseinanderzusetzen? Sehnst du dich nach einem leichteren Leben, nach Einfachheit und Schlichtheit, nach Zeit für dich und für die Menschen und Dinge, die dir wirklich wichtig sind? Hast du Träume und Wünsche, die du verwirklichen möchtest, weißt aber nicht, wo du damit beginnen sollst? Hier die gute Nachricht: Es gibt einen Weg, mehr Zufriedenheit zu erfahren. Hierzu braucht es oftmals nicht einmal große Veränderungen. Denn auch mit kleinen Schritten kann man lange Wege gehen.

Was macht ein erfülltes Leben aus? Was macht uns glücklich? Mit diesen Fragen begab ich mich auf den schreibenden Weg. Das Resultat ist dieses Buch. Ich verspreche dir keine Wunder und auch sonst wirst du in diesem Band viele Sachen lesen, die du mit Sicherheit bereits gehört hast. Ich bin ein Mensch wie du, aus Fleisch und Blut, mit seinen Fehlern und Macken, seinen Gefühlen und Wünschen, seinen Freuden und Frustrationen.

Und das ist auch normal und gut so, denn es macht uns menschlich.

Es ist auch schön und gut, einmal ein Wochenende (oder länger) in der Stille zu sitzen oder in einem Workshop zu lehren, wie sich ein gutes Leben anfühlen könnte. Kommst du aber in deinen Alltag zurück, verschwindet die Magie meist von ganz allein. Zwischen Job, Haushalt, Kindern, Familie, Partner und Gesellschaft werden die Anforderungen heute immer größer, das Leben oftmals komplizierter als es sein müsste. Wir sitzen als Mensch auf der

Kante (Englisch: *The Edge*) zwischen den immer steigenden Anforderungen einer modernen Welt, der wir nicht entkommen können, dem Wunsch nach mehr Freiheit und dem Ruf unserer eigenen Seele nach dem Sinn des Lebens. Spiritualität im Sinne der Ehrfurcht vor der Ordnung und der Verbundenheit mit der Vielfalt in der Welt. Denn jeder Mensch möchte sich geborgen fühlen, geliebt werden und glücklich sein.

Was unterscheidet jetzt dieses Buch von anderen? Es geht um Erfahrungswerte und Alltagstauglichkeit. Einfache und praktische Mittel werden dir helfen, für mehr Qualität in allen Lebensbereichen zu sorgen. Willst du wissen, wie du deine Ziele erreichen kannst? Auf meinem Weg habe ich gelernt, dass jeder alle Fähigkeiten bereits in sich trägt, um sein Leben so zu ändern, wie er es sich wünscht. Um dem auf den Grund zu gehen, werden wir uns gemeinsam auf eine Reise begeben, die Leben heißt, aber auch Liebe sein kann.

Liebe zu dir selbst.

1. Teil
Entscheidung und
Verantwortung

Wir sind nicht frei

»Das Leben ist zu kurz, um bedeutungslos zu sein.«

Bodo Schäfer

Wir können gar nicht frei leben.

Wir müssen einen Augenblick innehalten, um das zu begreifen. Unser Körper, ja alles, was unser Leben ausmacht, wurde darauf trainiert zu reagieren. Die erste und wichtigste Funktion unseres Gehirns ist nämlich abzusichern, dass wir JEDE Situation überleben. Wie ein ferngesteuerter Computer übergeht es dabei zahlreiche Wünsche, Ansprüche und Erwartungen. Es hat für jede mögliche Situation ein

Programm zur Verfügung und greift auch manchmal zu ineffektiven, nicht mehr aktuellen und unangenehmen Mitteln, um das zu erreichen, wofür es da ist.

Denn Zeiten ändern sich.

Säbelzahntiger gibt es schon lange nicht mehr. Und trotzdem besteht unser Erbgut noch aus Reflexen, die bis in diese Zeit zurückreichen.

Ein Gramm DNA enthält dieselbe Informationsmenge wie 1.000.000.000.000 CDs (1 Billion!). All diese Informationen befinden sich auf einem gestreckten DNA-Faden von nur 1,80 Metern Länge und das in jeder einzelnen der 25 Billionen Zellen des menschlichen Körpers.

Mit Überleben wird nicht gespielt!

Hinzu kommen familiäre Umstände (Eltern, Großeltern, Verwandte); unser Umfeld (geografisch, sozial, religiös); unsere Erziehung (Prägung durch Schule, Sport, Hobbys, außerfamiliären Begegnungen); unsere Ausbildung (Gelesenes, Gehörtes, Gesehenes) und pro

Sekunde ungefähr 11 Millionen Sinneseindrücke, auch wenn wir davon nur etwa 40 bewusst wahrnehmen. Die Informationen speichert das Gehirn trotzdem. Und zwar im Unterbewusstsein.

Wir sind also konstant unter Beeinflussung unserer Umwelt und durch den Informationsaustausch auch stetig mit ihr verbunden.

Wir können nicht frei leben, wir können nur bewusst leben.

Aber ist das wirklich der Fall?

Von Überzeugungen und Glaubenssätzen

Einfach gehalten ist eine Überzeugung ein Gedankenkonstrukt über dich, andere oder die Welt, das du als wahr akzeptierst. Jede Überzeugung dient der Vereinfachung, der Erklärung der Welt und dem Schutz der eigenen Person. Sie ist jedoch hinderlich, wenn es darum geht, Änderungen in deinem Leben vorzunehmen.

Wir haben das Vertrauen in die grundlegende Richtigkeit unserer Ideen und Anschauungen. Diese Zuversicht basiert auf einer durch Nachprüfen eines Sachverhalts oder durch

Erfahrung gewonnenen Meinung. Ob das nun unsere eigenen Kenntnisse oder diejenigen anderer Menschen sind, spielt dabei keine Rolle. Alles was wir fühlen und denken, ja, als die Realität und Wahrheit akzeptieren, ist lediglich ein Erklärungsversuch unseres Gehirns, das auf äußere Reize reagiert. Wieso glauben wir es dann? Weil wir in einer Notsituation nicht die Zeit haben, darüber nachzudenken, was wir nun als Nächstes tun könnten. Und weil es einfacher ist, nach einem vorgeformten Muster zu reagieren, als sich ständig neu zu erfinden.

Was wir für die Realität halten, ist eigentlich nur ein Modell von ihr. Unser ganz individuelles Modell.

Während unserer Schulzeit lernten wir zum Beispiel Dinge, weil sie durch eine Vertrauensperson so dargestellt wurden. Ich habe zu dieser Zeit das erlernte Wissen nicht hinterfragt, sondern glaubte an die Richtigkeit der erhaltenen Informationen. Das Gleiche gilt für enge Bezugspersonen. Das Wort der Eltern stellt ein Kind grundlegend nicht in Frage. Überzeugungen entstehen also nur teilweise aus eigenen Erfahrungen und Sinneseindrücken. Viele Reaktionsweisen haben wir einfach übernommen.

»Die Gesamtheit stellt ein Modell der Realität dar – einen greifbaren Ersatz der Realität selbst. Wir müssen uns mit diesem Ersatz zufriedengeben, denn wir können die Realität selbst nicht direkt erfassen. Wie der Pilot eines Flugzeuges. Sein Flugzeug rast durch die natürliche Welt, aber alles, was der Pilot darüber weiß, muss er von seinen Instrumenten ablesen.«

Nils J. Nilsson

Überzeugungen sind also eine Form von gespeichertem Wissen. Sie beschreiben eine mentale Realität, ein Konstrukt, das wir durch kreative und schlussfolgernde Denkprozesse aus verschiedenen Teilen (Fakten, Empfindungen, Erfahrungen) zusammengesetzt haben. Glaubenssätze geben uns die Möglichkeit, die Welt, wie wir sie sehen, zu erklären, engen uns aber deshalb auch ein.

Denn wenn ich mir nicht vorstellen kann, dass etwas möglich ist, werde ich es für mich auch nicht in Betracht ziehen.

Schau dir nun das folgende Bild an:

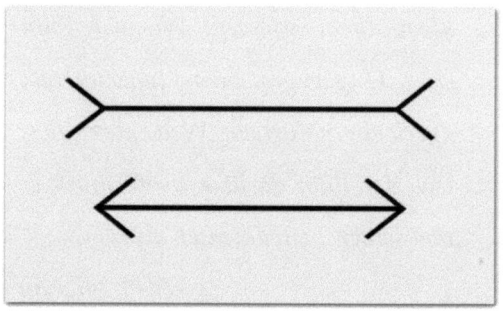

Welche Gerade ist länger?

Der Eindruck entsteht, dass die obere Linie länger ist als die untere, nicht wahr? Nun gut. Vielleicht kennst du diese optische Täuschung ja schon und du weißt, dass beide Linien genau dieselbe Länge haben. Falls du mir nicht glaubst, kannst du nun gern nachmessen.

Nun weißt du eigentlich, dass sie gleich lang sind. Du hast es nachgemessen. Die Linien sind gleich lang. Ich bitte dich nun, noch mal zum Bild zurückzukehren und es noch mal anzusehen. Und wieder wirst du das Gefühl haben, eine Linie ist länger.

Das Gleiche passiert mit Überzeugungen. Du weißt, dass es nicht stimmt. Du kannst es sogar beweisen. Und trotzdem reagierst du jedes Mal in derselben Weise.

Hier nun einige Beispiele allgemeiner Überzeugungen:

- Das Leben ist kein Ponyhof.
- Ich bin sowieso nicht gut genug.
- Ich bin nicht liebenswert.
- Ich hätte das nicht tun sollen.
- Von nichts kommt nichts.
- Im Leben ist jeder für sich.

Wie war das für dich, als du diese kleine Liste durchgelesen hast? Genau! Gefühle kamen hoch. Eindrücke, wie du sie aus deinem Alltag kennst, aus Selbsturteilen, aus Situationen der Wut, der Enttäuschung oder der Schuld. Gewöhnliche Situationen, in denen wir uns durch solche Sätze steuern lassen. Diese Gefühle – und weil sie oftmals eher negativ behaftet sind – limitieren ebenfalls unsere Sichtweise. Hören wir sie immer wieder, identifizieren wir uns mit ihnen und geben ihnen nicht nur Kraft, sondern auch die Macht über uns.

Ohne emotionalen Bezug wäre ein solcher Gedanke nichts anderes als eben das: ein Gedanke.

Was passiert denn genau mit solchen Bildern? Unser Verstand wird mit diesem Sachverhalt eine mentale Geschichte aufbauen. Es entsteht ein kleiner Film, der in Bildern ein Gefühl umsetzt. Und für diesen kurzen Moment wird der Gedanke zur Identität. Ein völlig verzerrtes Selbstbild also. Den Teil, den wir im Film direkt nicht sehen: dass die Szene im Unterbewusstsein gespeichert wird.

Kommt es in Zukunft zu einer ähnlichen Situation, wird dein Verstand den Film als Basis für deren Erklärung benutzen und du wirst das gleiche Gefühl wieder erleben. Gibst du nicht acht, wirst du auch in der gleichen Weise reagieren. Um eine Überzeugung zu ändern, müssen wir deshalb in gewisser Weise auch unsere Identität hinterfragen, zumindest den Teil von ihr, der durch einen solchen Glauben als falsche Version gespeichert wurde. Deshalb sind Überzeugungen manchmal so hartnäckig. Sie verbinden das Psychische mit der Identität, das Mentale mit dem Körper.

»Gedanken und Bilder sind die Sprache unseres Verstandes; Gefühle und Emotionen sind die Sprache unseres Körpers. Dein Bild vom Ich ist das Ergebnis der Zusammenarbeit von Verstand und Körper.«

Joe Dispenza

Wie erkennst du überhaupt Überzeugungen? Oftmals offenbaren diese sich durch ihren Inhalt. Achte zum Beispiel auf Verallgemeinerungen (*Alle, immer, nie, das macht man nun mal so*), Redewendungen (*Ein Indianer kennt keinen Schmerz, Das Leben ist kein Ponyhof*), negative Muster innerhalb der Familie (*Ein Müller gibt nie auf,* sagte der Vater immer), auf unangenehme Gefühle (du fühlst dich angespannt, ängstlich, apathisch, ärgerlich, bedrückt, beunruhigt, blockiert, durcheinander, einsam, enttäuscht ...). Auch wiederkehrende Verhaltensweisen (immer wenn du gestresst bist, hast du Lust auf Schokolade oder ein Glas Wein). All das kann ein Indiz sein. Jedes Mal, wenn du eine starke emotionale Reaktion auf eine Situation hast, könnten diese durch Überzeugungen hervorgerufen worden sein. Und da lohnt es sich mal genauer hinzuschauen.

Hier nun drei Tricks, wie du solche Überzeugungen neu programmieren kannst:

#1: Affirmationen

Wie funktioniert eine Affirmation? Unser Gehirn kann nicht zwischen realer und imaginärer Welt unterscheiden. Ob es das Bild eines Buches nur im Kopf erscheinen lässt, oder das Buch auch wirklich durch die Augen sehen kann, spielt dabei keine Rolle. Und genau deshalb funktionieren Affirmationen auch. Eine Affirmation ist eine lebensbejahende Aussage, die das Gehirn darauf programmiert, sie als wahr anzusehen.

Schritt 1: Erstelle eine Liste mit Dingen, die du in deinem Leben als negativ empfindest. Du kannst auch Kritikpunkte hinzufügen, die von jemand anderem geäußert worden sind. Schreibe einfach alles auf, was dir in den Sinn kommt, ohne zu beurteilen oder Prioritäten zu setzen.

Schritt 2: Überlege dir zu jedem notierten Thema nun die positive Seite. Schreibe was du dir für dich wünschst. Deine Affirmationen könnten so beginnen: »Ich darf ..., Ich kann mir erlauben ..., Es ist gut für mich ..., Ich genieße es ..., Ich werde jeden Tag ..., Ich freue mich darauf ..., Ich liebe es ...«. Ein anderer Weg ist, sie in eine Frage einzubinden: »Wie kommt es, dass ...?«

Zum Beispiel wird aus »Ich bin nicht attraktiv genug« der Satz »Ich kann mir erlauben so zu sein, wie ich bin.«.

Schritt 3: Nun wiederholst du die Affirmationen regelmäßig. Und da gibt es viele Möglichkeiten:

– laut sagen, im Auto oder vor dem Spiegel;

– singen;

– auf Zettel schreiben und dorthin kleben, wo du sie oft siehst;

– sich selbst per E-Mail schicken;

– wieder und wieder aufschreiben, per Hand oder am Computer;

– aufnehmen und sich anhören;

– als Bildschirmschoner am Arbeitsplatz oder als Hintergrund auf dem Handy.

Deiner Fantasie sind keine Grenzen gesetzt.

Eine Affirmation als Passwort zu benutzen, ist auch eine schöne Art, sich damit zu beschäftigen. Denn jedes Mal wenn du dich einloggst, musst du dir die Affirmation bewusst machen. Es geht darum, das neue Prinzip immer und immer wieder zu lesen, zu hören und zu schreiben.

In dieser Weise übernimmt das Unterbewusstsein den Grundsatz und überschreibt in gewisser Weise den alten.

#2: »Warum«, nicht »wie« oder »was«

Konzentriere dich in einer bestimmten Situation auf die Frage nach dem Warum.

Viele Menschen setzen sich Ziele und fokussieren auf das »Wie?« oder das »Was?«. Nehmen wir als Beispiel ein Mann, der Gewicht verlieren möchte. Er wird sich sagen, ich möchte 35 Kilogramm abnehmen. Er konzentriert sich auf das Was. Weiter wird er vielleicht sagen, er möchte das erreichen, indem er auf die Ernährung achtet. Er kümmert sich um das Wie.

Erreicht er mit dem Wie und dem Was sein Ziel aber nicht, wird er sich blockiert und frustriert fühlen. Das Problem mit Fragen nach dem Wie und dem Was ist, dass die Antworten sich ändern können, je nachdem welche Perspektive man einnimmt. Sie können jederzeit umgeformt oder neu definiert werden. Weiß der Mann in unserem Beispiel jedoch, warum er abnehmen will, wird er auf dem Weg nicht aufgeben.

Hier einige Fragen die dir helfen können, das Warum herauszufinden:

- Was macht dieses Ziel für dich so wichtig?
- Was werden die positiven Ergebnisse sein, wenn du das Ziel erreicht hast?
- Was passiert, wenn du es nicht tust?
- Warum ist dieses Ziel gerade JETZT für dich so wichtig?

#3: Tu als ob

Wenn du über das nachdenkst, was du erreichen möchtest – egal ob finanziell, beruflich, in der Beziehung, im Sport – kannst du dir die Frage stellen, worin der Unterschied zwischen dir (heute) und deinem zukünftigen Ich (mit erreichtem Ziel) besteht.

Wie hast du dich durch den Weg zum Ziel verändert? Wie sieht dein Alltag aus, hast du das Ziel einmal erreicht? Wie spricht dein zukünftiges Ich zu sich selbst? Zu anderen? Wie denkt es? Wie reagiert es in einer bestimmten Situation? Nimm dir Zeit, um dir das vorzustellen.

Dieses *act-as-if* ist ein verhaltensorientierter Ansatz, der dir helfen wird, begrenzende Überzeugungen zu erkennen und zu überwinden. Selbst wenn du dich noch nicht ›anders‹ fühlst, wirst du dich automatisch anders verhalten. Reagiere in Situationen, wie dein gesünderes, selbstbewussteres und ausgeglicheneres Selbst in der Zukunft es tun würde.

Wenn du anfängst, so zu tun, als gäbe es möglicherweise gar keine Hindernisse, wirst du plötzlich neue Wege und Lösungen entdecken, die du vorher außer Acht gelassen hast. Durch deine konstante und neue Verhaltensweise wird dein Verstand irgendwann die alten Überzeugungen als falsch ablegen.

Keine Entscheidung ohne Verantwortung

»Der Weg zum Ziel beginnt an dem Tag, an dem du die hundertprozentige Verantwortung für dein Tun übernimmst.«

Dante Alighieri

Die gute Nachricht ist, dass du – auch wenn du durch deinen Körper und deine Überzeugungen konditioniert bist – immer die Möglichkeit hast, eine Entscheidung zu treffen. Egal, wo du gerade bist, egal, wie du dorthin gelangt bist, egal, was für Mittel dir zur

Verfügung stehen. In jedem Moment kannst du eine Entscheidung treffen.

So einfach ist das.

Es ist sogar so, dass du Entscheidungen treffen musst. Machst du es nicht selbst, entscheidet jemand anderer an deiner Stelle. Und das beeinflusst schlussendlich, wie gut es dir geht. Treffen wir Entscheidungen aktiv, haben wir das Gefühl das Leben steuern zu können. Das öffnet Perspektiven. Tun wir es nicht, fühlen wir uns frustriert und manchmal Opfer der Umstände.

Wie übernehme ich Verantwortung?

Jeder von uns wird in seinem Leben gute UND schlechte Entscheidungen treffen. Das ist weder vom sozialen Status noch vom Bildungsniveau oder dem Alter abhängig. Fehler zu machen ist menschlich. Ich erspare dir hier den Glaubenssatz, wonach man nur aus Fehlern lernen kann. Denn aus Handlungen lernt man genauso gut. Eine Erfahrung kann ja durchaus auch positiv sein. Ob man nun spürt, dass man handeln müsste, es aber nicht tut oder im Gegenteil in einer Situation aktiv wird, in der sich eigentlich kein Handlungsbedarf abzeichnet, ist dabei egal.

Das Wichtigste ist die Entscheidung, etwas zu tun.

Und es dann auch zu tun.

Willst du deine Ziele erreichen, musst du Verantwortung übernehmen. Tust du dies nicht, wird dich dieser Umstand einholen. Meist im unpassendsten Moment. Es geht darum, dass Versäumnisse oftmals verheerende Wirkungen auf deine Motivation haben können, denn ein Teil von dir wird darauf warten, dass das zum Vorschein kommt, wird vielleicht sogar darauf hoffen, dass du keinen Erfolg mit deinem Vorhaben hast. Du verlierst dadurch nicht nur wertvolle Energie, sondern garantierst dir ein schlechtes Gewissen anderen gegenüber. Bald wirst du dich kleiner fühlen, als du wirklich bist. Warum? Weil die Nichtanwendung persönlicher Verantwortung das Selbstwertgefühl direkt beeinflusst. Der Selbstwert ist nämlich nichts anderes als der Wert, den du deinem eigenen Leben beimisst. Im weitesten Sinn geht es um den Respekt dir selbst gegenüber, einem Thema, dem wir uns später in diesem Buch noch ausführlicher widmen werden.

> *»Ein Mann kann tun, was er tun sollte; und wenn er sagt, dass er es nicht kann, dann weil er es nicht will.«*
>
> *J. A. Froude*

Ein Teil der Kraft der Verantwortungsübernahme ist, der kleinen Stimme in deinem Kopf Einhalt zu geben. Fokussierst du deine Zeit auf Erfolg und das Erreichen eines bestimmten Zieles, anstatt nach Entschuldigungen zu suchen, es nicht zu können, befreist du schlagartig einen großen Teil deiner kreativen Energie. Dies ist insofern wünschenswert, weil diese kleine, negative Stimme endlose Karussells aus Unzufriedenheit und Frustration zu erfinden weiß, je länger sie aktiv bleiben darf. Wenn du dich also das nächste Mal dabei erwischst, wie du nach Entschuldigungen für das verspätete Projekt, das Zuspätkommen, deine Arbeitssituation suchst, erinnere dich daran: keine Entschuldigungen mehr!

Der wichtigste Aspekt ist aber, dass niemand dein Leben an deiner Stelle leben kann. Du hast die alleinige Verantwortung dafür. Alles in deinem Leben hängt mit Entscheidungen zusammen, die du gefällt hast oder eben nicht. Möchtest du reisen? Dann reise! Es ist weder dein Job noch dein Partner noch die fehlende Zeit noch die Kosten die dich davon abhalten können.

Es ist deine Entscheidung, die dich davon abhält. Sie ganz allein.

Hast du dich einmal entschieden, werden sich Mittel und Wege finden. Solange du dich hingegen selbst zurückhältst, werden selbst die besten Möglichkeiten nicht ausreichen, dir deinen Traum zu ermöglichen.

Aber ...

Kurzfristige Lösungen können längerfristige Probleme entstehen lassen. Manchmal zögern wir, weil wir durch unsere Entscheidung kurzfristig etwas Unangenehmes ertragen müssen. Bleiben wir jedoch in der Komfortzone, werden wir nie Verantwortung übernehmen können, und die Situation wird sich dementsprechend auch nicht ändern. Jeder Wandel bringt einen Anteil an Unsicherheiten mit sich. Die Gefahr besteht darin, dass wir in solchen Situationen dazu tendieren, schnelle Veränderungen zu bevorzugen.

Frage dich, ob das angestrebte Resultat nur kurzfristig oder für eine längere Zeit eine Lösung darstellen kann. Wie fühlst du dich in einem Monat, einem Jahr, fünf Jahren damit? Kurzfristige Lösungen sind manchmal angebracht, oftmals jedoch verkleidete Entschuldigungen. Hier nun einige Tipps, wie du Entscheidungen einfacher fällen kannst:

#1: Berate einen Freund

Tu so, als würdest du einen Freund beraten. Das gibt dir die Möglichkeit, Distanz zwischen dich und die Situation zu bringen. Oftmals sind es nämlich kurzlebige Gefühle, die verhindern, dass man Entscheidungen treffen kann. Sie beeinflussen deine Denkweise und Handlungs- bereitschaft. Tust du so, als wäre es nicht dein Leben, entfallen diese emotionellen Komponenten und du bist in der Lage, klarer an die Situation heranzugehen.

#2: Informationen begrenzen

Begrenze die Menge an Informationen. Das klingt jetzt zuerst etwas kontraproduktiv. Es ist nämlich eine weit verbreitete Idee, dass du bessere Entscheidungen treffen kannst, je mehr Informationen du hast. Tatsache ist aber, dass genau das Gegenteil sich bewahrheitet. Haben wir zu viele Informationen, wird es unübersichtlich. Unser Gehirn wir anfangen, einzelne Tatsachen miteinander zu verbinden. Und dafür muss es Lücken füllen. Es wird dies tun, mit oder ohne dein Zutun, mit oder ohne die benötigten Informationsquellen. Wie kann ich das verhindern? Die einfachste Methode, um die Situation nicht in einer Flut an Informationen untergehen zu lassen, ist, sich eine zeitliche Grenze zu setzen. Und sich daran zu halten.

#3: Annahme umkehren

In jeder Situation wird es mindestens zwei Möglichkeiten geben. Der Trick ist nun sich vorzustellen, genau das zu tun, was du nie tun würdest. Dafür gehst du davon aus, dass du die Entscheidung bereits getroffen hast und nun damit leben musst. Du zwingst dich, über ein Szenario nachzudenken, das sich außerhalb deiner aktuellen Komfortzone befindet. Dieser Perspektivwechsel ermöglicht es dir, die Wichtigkeit gewisser Argumente neu zu beleuchten und dadurch eine neue Sichtweise auf die Situation zu erhalten.

Schritt 1: Schreibe alle Annahmen zu deinem Thema auf ein Blatt Papier.

Schritt 2: Schreibe nun neben jede Annahme deren genaues Gegenteil.

Schritt 3: Frage dich nun, wie du dich entscheiden müsstest, um diese Umkehrung zu erhalten.

Das Ergebnis ist dein neuer Standpunkt, den du möglicherweise bis dahin noch nicht berücksichtigt hast. Er kann dir ein Verständnis dafür geben, was dir in dieser Situation wirklich wichtig ist.

Etwas über die Angst

Angst ist so alt wie das Leben auf der Erde. Es handelt sich dabei um eine biologische, grundlegende und daher natürliche Reaktion des Körpers, um sich vor wahrgenommenen Bedrohungen der Integrität oder Existenz zu schützen.

Alles beginnt dabei mit einem starken Stimulus, einer Kettenreaktion im Gehirn, und endet mit der Freisetzung gewisser Botenstoffe (Adrenalin etwa), die dazu führen, dass der ganze Körper sich auf den Moment vorbereiten kann, an dem er entscheiden muss, ob er fliehen oder kämpfen soll. Dazu gehört ein rasendes

Herz, schnelle Atmung und Spannungsaufbau in den Muskeln. Der Auslöser kann viele Gesichter haben. Zum Beispiel der Geruch von Rauch, das Aufblitzen eines Messers, eine Spinne, ein Date, das auf dich wartet.

Über 100 Milliarden Nervenzellen bilden in unserem Gehirn ein kompliziertes Kommunikationsnetz, das der Ausgangspunkt für alles ist, was wir fühlen, denken und tun. Einige dieser Informationsaustausche führen zu bewusstem Denken und Handeln, während andere autonome Antworten erzeugen. Die Angstreaktion ist fast völlig autonom. Das heißt, wir lösen sie nicht bewusst aus.

Angst erhöht den Stresspegel und braucht Unmengen an Energie. Dein Körper wird deshalb für die Situation nicht relevante Funktionen blockieren, um alle möglichen Ressourcen dem Überlebensmodus zur Verfügung zu stellen. So werden beispielsweise das Verdauungssystem oder auch das Immunsystem heruntergefahren.

Der Stress umgeht auch das denkende Gehirn, was bedeutet, dass wir in einer solchen Situation gar nicht mehr logisch und klar denken können.

Natürlich ist nicht jede Situation lebensgefährlich. Und Angst hat viele Gesichter.

Heutzutage geht es kaum noch um physische Bedrohung. Wir fürchten etwa, den Job zu verlieren, oder sorgen uns um unsere Kinder, das Geld, das Auto.

Was auch immer es ist, hemmt uns in unserer Entscheidungsfreiheit. Würden wir aus allen Situationen einen gemeinsamen Nenner herausfiltern, wäre das sehr wahrscheinlich die **Angst vor Veränderung**.

»Sei, wer du bist und sage, was du fühlst, denn diejenigen, die etwas dagegen haben, sind nicht wichtig, und diejenigen, die wichtig sind, haben nichts dagegen.«

Dr. Theodor Seuss Geisel

Wie oft wolltest du etwas unternehmen, um dann klein beizugeben, weil jemand anderer nicht derselben Meinung war? Unsere Welt funktioniert teilweise auf dem Prinzip des Teilens. Wir wurden auf das Interesse an der Meinung anderer konditioniert. Wenn jedoch jemand deine Arbeit oder deinen Wunsch nicht gutheißt, sollte es dich nicht davon abhalten, trotzdem aktiv zu werden. Wir können es nicht allen Menschen recht machen. Selbst wenn du eine von allen anerkannte Persönlichkeit bist, wird es immer den einen geben, der dir das vermiesen möchte. Das zu vermeiden kostet, viel mehr Energie, als dir seine Anerkennung bringen würde.

Eine weitere Form der **Angst** ist die **vor dem Scheitern**. Wenn du nicht den ersten Schritt wagst, dann wirst du auch nie scheitern können. In der Geschichte der Menschheit gibt es kein Beispiel für jemanden, der nie gescheitert ist. Das gehört zum Weg dazu. Jedes Scheitern gibt dir Erfahrungswerte, zeigt dir, was dir wichtig ist, und gibt dir die Möglichkeit, dein Projekt anzupassen. Denke beim nächsten Fehler daran, dass du immer wieder neu anfangen kannst. Entweder hast du Erfolg oder eben eine neue Erfahrung gemacht. Erinnere dich in solchen Situation immer daran, weshalb du einen bestimmten Weg überhaupt eingeschlagen hast. Das wird dir die Motivation geben, auch in schwierigen Momenten dranzubleiben.

Die **Angst vor Erfolg** besitzen alle Menschen in einer Form oder einer anderen. Dahinter versteckt sich das unangenehme Gefühl, dorthin gehen zu müssen, wo du als Person noch nie gewesen bist. Das große Unbekannte also. Um dorthin zu gelangen gibt es keine Karte, keine Beschreibung, keine bereits etablierten Regeln. Und das gibt unseren Träumen oftmals einen etwas angespannten Beigeschmack. Warum ist das so? Die Aufregung, die der Erfolg mit sich bringt, kann man in seiner unbehaglichen Begeisterung mit einem traumatischen Erlebnis vergleichen. Der Mensch meidet Leiden, wo er kann. Deshalb ist es manchmal einfacher, sich nicht den Umständen für einen eventuellen Erfolg auszusetzen. In der heutigen Gesellschaft wird Erfolg auch oft mit Worten wie Konkurrenz, Macht und Neid assoziiert, die eher negative Gefühle hervorrufen.

Was können wir also dagegen tun?

Der Neuropsychologe Rick Hanson beschrieb in einem seiner Bücher das Prinzip des ›Rückwärtsgehens‹. In einer bestimmten Situation kann es von Vorteil sein, sich zeitlich rückwärts zu bewegen, um den Auslöser für das

Angstgefühl zu finden. Zu welchem Zeitpunkt kannst du deine erste Reaktion feststellen? Aus welchem Grund? Was war deine Verhaltensweise darauf? Wie kannst du sicher sein, dass deine Befürchtung letztendlich wahr ist? Frage dich, welche Gedanken zu den Gefühlen geführt haben. Wie haben diese Gefühle dich in der Vergangenheit geschützt? Welche Erfahrungen haben dazu geführt?

>>*Angst ist nichts Reales, weißt du*<<, *sagt sie ganz langsam und fixiert mich dabei mit ihrem Blick.* >>*Angst ist nur das Warten darauf, dass etwas Schlimmes passiert. Angst existiert nur, solange du an sie glaubst.*<<

Marina Paunovic

Angst führt also zu körperlichen Symptomen. Und genau diese Tatsache können wir uns zunutze machen. Wir brauchen uns in solchen Situationen eigentlich nur unseres Körpers bewusst zu werden. Wie ist unsere Körperhaltung? Wie atmen wir? Angst geht zum Beispiel mit einer eher schnellen, verkrampften Atmungsweise einher. Verlängern wir bewusst das Ein- und Ausatmen während einer bestimmten Zeit gibt das dem sympathischen (Kampf- oder Flucht-) Nervensystem das Zeichen, dass keine Gefahr mehr besteht.

Gefühle haben eine Überlebensdauer von schätzungsweise fünf Minuten. Wenn du sie nur wahrnimmst, sie ganz zu fühlen versuchst, ohne zu urteilen oder dich dagegen zu wehren, dann werden sie in gleicher Weise wieder verschwinden, wie sie gekommen sind.

2. Teil
Fokus und Energie

Im Gleichgewicht

Die Natur befindet sich immer in einem Gleichgewicht. Jede Situation befindet sich in jedem Augenblick im Gleichgewicht. Aber was hat das mit Entscheidungen zu tun? Um das zu ergründen, müssen wir zunächst einmal vom ganz Großen ins unendliche Kleine.

Zerlegen wir etwas in seine kleinsten Bestandteile, dann erhalten wir ein Molekül. Atome werden die Bausteine genannt, aus denen alle festen, flüssigen oder gasförmigen Stoffe bestehen. Auch der Stuhl, auf dem du gerade sitzt, der Fernseher im Wohnzimmer, der Kaffee in der Tasse, das Buch in deinen Händen.

Deine Arme, dein Gehirn. Ich glaube, du weißt, was ich meine.

Die gegenwärtige Ansicht ist, dass Atome aus Protonen, Neutronen und Elektronen bestehen. Die Protonen und Neutronen befinden sich im Kern und die Elektronen drehen sich darum. Sie werden dabei durch die elektromagnetische Kraft zwischen den negativ geladenen Elektronen und den positiv geladenen Protonen im zentralen Kern zusammengehalten. Ähnlich unserem Sonnensystem, wo die Sonne im Zentrum steht und durch ihre Anziehungskraft die Planeten in ihren Umlaufbahnen um sich schart.

Die energetische Ursache der schwingenden Teilchen finden wir im Bestandteil des Atomkerns (auch Quark genannt). Die Quarks sind intelligent strukturierte Informationen, die räumliche Schwingungen hervorrufen. Energie und Schwingung bilden in ihnen eine Einheit.

Keine von beiden kann ohne die andere existieren. Und jede Schwingung kann als Frequenz gemessen werden.

Verschiedene Arten von Teilchen besitzen verschiedene Schwingungen. Treffen sie aufeinander, werden Informationen ausgetauscht, die zur Bildung von neuen Schwingungsformen führen. Verbinden sich Atome miteinander, können daraus neue Elemente entstehen, also auch neue Frequenzen.

> »Alles ist Energie, und dazu ist nicht mehr zu sagen. Wenn du dich einschwingst in die Frequenz der Wirklichkeit, die du anstrebst, dann kannst du nicht verhindern, dass sich diese manifestiert. Es kann nicht anders sein. Das ist nicht Philosophie. Das ist Physik.«
>
> *Albert Einstein*

Aber nun mal langsam. Wie kann denn so etwas wie schwingende Energie, also etwas so gar nicht handfestes, solche massiven Teilchen hervorbringen wie Flugzeuge und Steine? Energie kann man doch nicht anfassen! Oh doch, man kann. Materie ist nur eine spezielle Form von Energie.

Auch Einstein hat das gewusst und die wohl berühmteste Formel der Welt daraus gemacht:

$$E = mc^2$$

Dabei steht E für Energie, m für Masse und das c für die Lichtgeschwindigkeit. Die Formel sagt aus, dass Masse nichts anderes ist als Energie, lediglich in einer anderen Erscheinungsform. Man könnte auch sagen, Masse ist kondensierte Energie. Je tiefer eine Frequenz, desto fester ist die Materie. Je schneller die Vibration, desto luftiger wird das Ganze.

Da verschiedene Formen von Energie sich gegenseitig beeinflussen und verändern, entsteht das Bild eines konstanten Wandels von einer Form in die andere, also einem Gleichgewicht. Das ist insofern wichtig, als dass wir ja aus der Physik bereits wissen, dass Energie nicht verlorengehen kann.

Gedanken kann man messen

Auch Gedanken kann man messen. Man kann sie mithilfe der Magnetresonanz sogar sichtbar machen. Aber wie entsteht ein Gedanke?

Bisher haben wir immer angenommen, dass unsere Gedanken in unserem Gehirn entstehen. Dabei stützte man sich auf diese Beobachtung: Wenn ich zum Beispiel mit einem Finger etwas berühre, wird in meinem Gehirn derjenige Teil aktiv, der für den Finger zuständig ist.

Erst wenn ein Impuls das Gehirn erreicht hat, beginnt dieses zu handeln, indem es den Impuls in eine Sprache übersetzt, die für uns verständlich ist. Eine Studie an der University of Washington zeigte, dass die Aktivierung derjenigen motorischen Teile des Gehirns, die mit den physischen Aspekten der Sprache verbunden sind, einsetzt, bevor die Babys tatsächlich zu sprechen anfangen. Das legt wiederum die Vermutung nahe, dass das Gehirn eine Art Grundkonstellation aufbaut, indem es die motorischen Bewegungen vorhersagt, die erforderlich sind, um die Laute der Sprache zu erzeugen. Wie aber macht es das?

In jeder Sekunde erreichen uns Tausende von Eindrücken. Wir sind generell immer einem konstanten Informationsaustausch ausgeliefert. Das Gehirn nimmt alle Informationen auf und ordnet sie nach Wichtigkeit. Was nicht mit der aktuellen Situation zu tun hat, wird im Unterbewusstsein gespeichert. Was gerade in der aktuellen Situation helfen kann, wird mit den Datenspeichern (Erinnerung, Erfahrung, Potenzial, Wissen, Erlebnisse) abgeglichen. Das

Gehirn macht dieses Wissen hörbar, indem es die energetischen Informationen unter anderem auch als Gedanken wieder freisetzt.

Nehmen wir ein Beispiel. Wir alle sind zahlreichen Frequenzen ausgesetzt, die wir eigentlich mit unseren Sinnen gar nicht wahrnehmen können. Die Informationen erhalten wir trotzdem. Wenn ich nun aus dem Haus trete und plötzlich ein Lied im Kopf habe, dann könnte das darauf zurückzuführen sein, dass mein Gehirn eine Radiofrequenz aufgeschnappt hat, diese mit meiner Erinnerung abgeglichen und in Form der Melodie und des Textes hörbar macht. Für mich sieht es aber dann so aus, als wäre das Lied plötzlich in meinem Kopf abgespielt worden.

Sollte das Wissen um die Erklärung der Situation nicht vorhanden sein, gerät das Gehirn in einen analytischen und experimentellen Zustand, wobei es alle zur Verfügung stehenden

Sinne als Assistenten benutzt. Auf der Basis der ersten Information versucht es nun, in einer Abfolge von sich entwickelnden Gedanken der unbekannten Situation auf den Grund zu gehen. Wie ein Forscher, der durch logisches Denken eine mathematische Formel zu lösen versucht. Manchmal nehmen wir dabei erst den dritten oder vierten Gedanken erst wirklich wahr und folgen dann der Gedankenkette, ohne zu verstehen, wo diese ihren Ursprung hatte.

Kein Gefühl ohne Gedanken

Die Verbindung zwischen Körper und Gehirn geschieht gleichzeitig auf zwei Ebenen, einer physischen und einer chemischen. Das Gehirn übersetzt äußere Reize nämlich auch mit chemischen Prozessen (Hormone, Neurotransmitter), die wir dann als Gefühle wahrnehmen. Das Nervensystem, das Immunsystem oder auch das endokrine System benutzen nämlich dieselbe chemische Sprache. So ist es dem Gehirn möglich gleichzeitig mit dem ganzen Körper zu kommunizieren. Es behält sich in allen Situationen vor, schnell reagieren zu können. Du hast das sicher auch schon erlebt, wenn du z. B. vor einem wichtigen

Gespräch Herzklopfen hattest. Der Körper wird chemisch und physisch auf das Treffen vorbereitet. Ursache für die körperliche Reaktion ist aber immer ein Gedanke.

Um ein Gefühl entstehen zu lassen, braucht es gewisse Voraussetzungen. Du hast etwas wahrgenommen. Die Beobachtung wurde von deinem Gehirn als positiv, neutral oder negativ eingestuft (je nach Resultat des inneren Abgleichens). Als Folge davon fühlst du dich glücklich, ruhig, oder traurig (je nach chemischer Antwort). Deine Gefühle fördern neue Gedanken zutage, die eine weitere chemisch-emotionale Reaktion hervorrufen.

Wie du dich fühlst, hängt also nicht wirklich von der Situation selbst ab, sondern davon, wie dein Gehirn sie einstuft. Die Gefahr besteht darin, dass die Gefühle den weiteren Verlauf der Situation bestimmen werden, wenn du deine Gedanken nicht in den Griff bekommst.

Man spricht von 6 Grund-Emotionen: Wut, Trauer, Freude, Überraschung, Ekel und Angst. Jede davon ist spürbar, da sie eine mögliche Antwort auf eine Situation darstellt. Die Interaktion chemischer und physischer Reaktionen lassen eine neue Vibration, also eine neue Frequenz, entstehen, die du dann auch aussendest. Wenn du dich in etwa in einer gefährlichen Situation befindest, wird dieses Zusammenspiel dem eventuellen Gegner vielleicht die Botschaft *Komm mir nicht zu nahe!* übermitteln. Diese wird er nicht nur sehen, aber auch spüren können.

Das Gesetz der Resonanz

Ich habe dutzendweise Bücher gelesen, die davon ausgehen, dass gleiche Frequenzen sich gegenseitig anziehen. Deshalb ist der Glaube verbreitet, dass man gewisse Dinge in sein Leben wünschen kann, wenn man denn nur die gleiche Frequenz ausstrahlt. Aber warum funktioniert das Gesetz der Resonanz?

Den Begriff des *Gesetzes der Anziehung* finden wir zum ersten Mal im Jahr 1877 in einem Buch der Okkultistin Helena Petrovna Blavatsky. Ab Ende des 19. Jahrhunderts wurde der Begriff in anderen Werken der Neugeist- und Esoterikszene aufgegriffen, bis er dann im Jahr

2006 mit dem von Rhonda Byrne produzierten Film *The Secret* allen zuteil wurde.

Dabei berufen sich die Anwender auf das Buch *Kybalion*, das erstmals im Dezember 1908 in Chicago veröffentlicht wurde. Die Autoren des Werkes sind bis heute anonym geblieben. Inhaltlich bezieht sich der Band wiederum auf die Aussagen der *Tabula Smaragdina* (der die philosophische Basis der Hermetik bildet und der als Grundlagentext der Alchemie gilt) und des *Corpus Hermeticum* (eine Sammlung von griechischen Traktaten in Brief-, Dialog- und Predigtformen über die Entstehung der Welt, die Gestalt des Kosmos sowie menschliche und göttliche Weisheit). Als Verfasser galt schon in der Antike Hermes Trismegistos, dem eine Vielzahl von religiösen, astrologischen und magischen Schriften zugeschrieben wurde. Er sprach von sieben Prinzipien, wie man mentale Schwingung in eine andere mentale Schwinung umwandeln kann:

a)　»Das All ist Geist; das Universum ist geistig.«

b)　»Wie oben, so unten; wie innen so außen; wie der Geist, so der Körper«

c)　»Nichts ruht; alles ist in Bewegung; alles schwingt.«

d)　»Alles ist zweifach, alles ist polar; alles hat seine zwei Gegensätze; gleich und ungleich ist dasselbe.«

e)　»Alles fließt – aus und ein; alles hat seine Gezeiten; alles hebt sich und fällt, Rhythmus gleicht aus.«

f)　»Jede Ursache hat ihre Wirkung; jedes Phänomen hat seine Ursache; alles geschieht gesetzmäßig; Zufall ist nur ein Begriff für ein unerkanntes Gesetz; es gibt viele Ebenen von Ursachen, aber nichts entgeht dem Gesetz.«

g)　»Geschlecht ist in allem; alles trägt sein männliches und sein weibliches Prinzip in sich.«

Wir finden hier also wieder die Annahme, dass Gedanken Schwingungen erzeugen, die der Denkende auf die Außenwelt überträgt und die dort entsprechende Wirkungen hervorrufen, unabhängig davon, ob es die Person bewusst oder unbewusst tut. Dinge und Situationen beeinflussen sich auch in dieser Theorie in konstanter Weise.

In der Physik, um in der Analogie der ersten beiden Kapitel dieses zweiten Teils zu bleiben, gibt es nur eine Möglichkeit. Treffen zwei Frequenzen aufeinander, überlagern sie sich. Das nennt man dann eine Interferenz. Je nach Frequenz und Phasenverschiebung können sich die Schwingungen aufheben oder verstärken.

Wir wissen ja bereits, dass ein Gedanke Energie freisetzt. Je mehr Energie freigesetzt wird, desto mehr Dinge antworten, indem sie selbst in Schwingung geraten. Und alles was schwingt, wirst du wahrnehmen können. Je höher deine Schwingung, desto grösser die Reichweite deiner Gedanken. Mit anderen Worten, du öffnest ein Potenzial, um auch die Dinge bemerken zu können, die du haben möchtest.

Denn Fokus folgt der Energie.

Ein kleiner Test, um diesen Punkt zu illustrieren. Nehmen wir einmal an, du spielst mit dem Gedanken, dir ein neues Auto zu kaufen. Nach langem Überlegen entscheidest du dich für ein bestimmtes Fabrikat. Nun gut. Ab diesem Moment wirst du im Straßenverkehr mit größter Wahrscheinlichkeit nur noch Wagen dieser Marke sehen. Es sind nicht mehr Autos im Straßenverkehr als sonst. Aber dein Fokus ermöglicht es dir nun, unter allen Fahrzeugen diejenigen zu erkennen, die deinem zukünftigen Verkehrsmittel ähnlich sind.

Jeder Gedanke ist Energie und sucht sich dieselbe Energie im Außen. Es entsteht ein Resonanzfeld, in welchem Informationen auf der gleichen Frequenz ausgetauscht werden. Der Unterschied ist, dass nicht Dinge in dein Leben gezogen werden, aber dass du als aktiver Part diese erst sehen kannst.

Um etwas verwirklichen zu können, brauchen wir fokussierte Energie.

Unser Ziel ist es also, unsere eigene Frequenz hochzuhalten. Und dies zu jedem Zeitpunkt. Aber das reicht nicht aus, um etwas konkret werden zu lassen. Wir brauchen auch den Fokus. Das bedeutet, wir müssen uns im Klaren sein, was wir wollen. Und das immer und immer wieder. Und genau dort liegt oftmals die Schwierigkeit. Denn heutzutage gibt es für jeden von uns unzählige Möglichkeiten. Man könnte fast glauben, wir seien imstande alles zu werden und alles zu sein.

Als Erstes, und das hat uns der Abschnitt über die Resonanz gezeigt, müssen wir aktiv werden. Es reicht nicht, sich auf einem Meditationskissen täglich vorzustellen, was man haben möchte. Jeder von uns muss aktiv an seinen Zielen arbeiten. Hier einige Überlegungen, wie du aktiv werden könntest.

Was treibt dich an?

Diese Frage ist eng verknüpft mit der Art und Weise, wie du die Welt siehst, deinen Vorstellungen und Werten.

Wofür würdest du Geld spenden? Wofür würdest du dich persönlich einsetzen? Welchen Schmerz, welche Ungerechtigkeiten oder Unglücke hast du erlebt, mit denen du einfach nicht leben kannst? Gibt es etwas, das dich so tief berührt, dass es dich zum Handeln animiert?

Was macht dir Spaß?

Es gibt im Leben Dinge, die man tut, ohne zu überlegen. Weil man sie immer schon getan hat. Weil es eben so ist. Viele davon wecken nicht unbedingt ein Gefühl der Freude in dir. Was sind die Dinge, die du in deinem Leben gern tust? Diejenigen die sich fast wie eine Belohnung anfühlen und dein Herz tanzen lassen? Welche Aktivitäten lassen dich die Zeit vergessen?

Was bist du bereit, dafür zu opfern?

Ich weiß nicht, wie es dir geht, aber oft dachte ich an etwas, das ich tun wollte, aber konnte mich nicht dazu durchringen, die dafür erforderliche Arbeit zu erledigen. Ein klares Zeichen dafür, dass es mir nicht wirklich wichtig genug war. Wenn du etwas findest, wofür du bereit bist, viel zu opfern, dann weißt du, dass du eine für dich sinnvolle Aktivität gefunden hast. Für welche Idee bist du bereit, jeden Tag eine halbe Stunde früher aufzustehen, deinen Tagesablauf zu ändern, auf gewisse Dinge zu verzichten?

Wem möchtest du helfen?

Der Sinn eines Handelns besteht hauptsächlich aus dem Mehrwert deines Tuns, von dem auch andere profitieren können. Frag dich: Wem kannst du mit deinem Wissen und deiner Vision helfen?

Wie möchtest du helfen?

Die zentrale Frage hier ist, wie du deine Leidenschaft und Fähigkeiten am besten verbinden kannst. Dabei hat man die Tendenz, sich selbst zu limitieren. Ich habe mir oft gesagt »Das kann ich nicht« oder »Dazu fehlt mir das Geld«. Bis ich den Ansatz umkehrte.

Stelle dir vor, du hast dein Projekt bereits umgesetzt. Was fehlt dir heute, das du in dieser Zukunftsvision brauchst, um deine Ziele zu erreichen? In anderen Worten: Was fehlt deinem ›Ich von heute‹, das dein ›Ich von morgen‹ zu tun imstande sein muss?

Dem Tun einen Sinn zu geben ist eine Reise, die das ganze Leben dauert. Es ist in Ordnung, einen Schritt nach dem anderen zu machen. Es ist normal, regelmäßig anzuhalten und sich zu hinterfragen. Und es ist in Ordnung, sich manchmal auch überfordert zu fühlen, weil man seinen Weg immer wieder den Umständen anpassen muss. Sei geduldig mit dir, denn der größte Wert auf deiner einzigartigen Reise bist du.

3. Teil
Helfer und Wegbegleiter

Dankbarkeit

Unsere Gesellschaft ist nicht für zufriedene Menschen gemacht. Sieht man z.B. die Werbung an, dann scheint es nur zwei Kategorien von Menschen zu geben. Die, die etwas besitzen, und die anderen. Erst wenn du etwas kaufst – so das alltägliche Mantra – wirst du glücklich sein können. Freiheit, Sicherheit und Macht werden durch äußere Dinge definiert, obschon sie im Inneren gefühlt werden.

Bevor ein Mensch überhaupt in ein Alter kommt, in dem er Geld verdient, um sich all die schönen Dinge anschaffen zu können, ist er zunächst zu 100 Prozent abhängig von jemand anderem. Mutter und Vater sorgen für Nahrung, Wärme und Sicherheit. Ohne sie kann das Menschlein gar nicht überleben. Um das zu garantieren, entwickelt das Kind schon sehr früh Strategien. Wie? Durch kopieren von Lebensweisen. Dafür muss es sich anpassen, an Wünsche und Ansichten, an Hoffnungen und Erwartungen. Es lernt schnell, dass das Überleben ohne Angleichung nicht möglich ist. Menschen brauchen Zuneigung, um sich lebendig zu fühlen. In unserer Kindheit trainieren wir uns an, dass unser Wohlbefinden von anderen abhängig ist. Wir verinnerlichen, dass andere für uns entscheiden dürfen und sollen. Diese Abhängigkeit hinterfragen wir aber dann als Erwachsene nicht mehr.

Und auf dem Weg, es allen recht machen zu wollen, verlieren wir uns selbst. Denn wie auch immer du dich anstrengst, es wird nie genug sein. Was in der Kindheit als Überlebensstrategie anfing, diktiert als Erwachsener dein Wohlbefinden.

> *»Dankbarkeit öffnet uns für die Fülle des Lebens. Sie macht aus dem, was wir haben, genug und mehr. Sie verwandelt Verneinung in Akzeptanz, Chaos in Ordnung, Verwirrung in Klarheit. Es kann aus einer Mahlzeit ein Fest machen, aus einem Haus ein Zuhause, aus einem Fremden einen Freund. Dankbarkeit macht einen Sinn für unsere Vergangenheit, bringt Frieden für heute und schafft eine Vision für morgen.«*
>
> *Melody Beattie*

Dankbarkeit ist der schnellste Weg zur Freiheit, die du brauchst, um deine Ziele zu erreichen. Was ich im Laufe der Jahre begreifen durfte, war, dass Dankbarkeit mein Leben positiv zu verändern vermochte. Diese neu gewonnene Perspektive konnte ich aber nicht anerkennen, solange ich meine unbewussten Überzeugungen beibehielt. Dankbar sein für das, was man hat, was man ist, öffnet mir Türen zu mehr Gelassenheit und Seelenfrieden, denn ich kann akzeptieren, dass auch Scheitern ein Teil des Weges ist.

Es wurde mir klar, dass unabhängig vom Zustand oder der Qualität meines Lebens, den Ergebnissen, die ich erzielt, den Zielen, die ich erreicht habe (oder nicht erreichen konnte), den Entscheidungen, die ich getroffen habe, fast alles mit meinem Fokus zu tun hat.

Während einige Dinge möglicherweise außerhalb meiner Kontrolle lagen, ist vieles, was aufgrund meiner Gedanken, Emotionen und Verhaltensweisen geschieht, weitgehend eine bedingte Antwort auf das Zentrum des gewählten Fokus.

Worauf wir uns konzentrieren, darauf bewegen wir uns gedanklich zu. Wenn wir in einem Zustand des Mangels und der Negativität leben, werden wir auch mehr davon erleben.

Dankbar zu sein macht glücklich

Studien haben bestätigt, dass Menschen, die dankbar sind, sich auch glücklicher fühlen. Die beiden Psychologen Dr. Robert A. Emmons von der University of California und Dr. Michael E. McCullough von der University of Miami haben einen Großteil ihrer Forschungskarriere mit der Untersuchung der Auswirkungen von Dankbarkeit verbracht. In einer solchen Studie baten die Forscher drei Gruppen von Menschen, jede Woche einige Sätze zu einem bestimmten Thema zu schreiben. Eine Gruppe wurde beauftragt, über Dinge zu schreiben, die sie nicht glücklich machten. Eine andere wurde angewiesen, über Dinge zu schreiben, für die sie dankbar waren. Menschen in der dritten Gruppe wurden angewiesen, über Dinge zu berichten, ohne zwischen Positivem oder Negativem zu unterscheiden. Die Ergebnisse? Die Gruppe, die angewiesen wurde, über Dinge zu schreiben, für die sie dankbar waren, war weitaus optimistischer als die zweite Gruppe. Bei der dritten Gruppe zeigte sich klar, dass der Mensch Tendenz hat, dem Positiven das, was nicht so gut läuft, vorzuziehen.

Dankbarkeit reduziert Ängste

Es ist schwer, gleichzeitig ängstlich und dankbar zu sein. Angst ist das, was passiert, wenn wir uns mit Themen beschäftigen, von denen wir glauben, dass sie außerhalb unserer Kontrolle liegen. Wir kreieren die schlimmsten Szenarien und geben der Angst dadurch einen Existenzgrund. Wenn wir für alles, was wir haben, einschließlich unserer Probleme, dankbar sind, hat Angst kaum noch Platz in unseren Gedanken.

Dankbarkeit hilft uns, unsere Ziele zu erreichen

Ich glaube an die Kunst der Zielsetzung. Wenn du dir die richtigen Ziele setzt, kannst du buchstäblich alles erreichen. Vielleicht nicht über Nacht, vielleicht nicht in wenigen Wochen. Und faktisch geht es dabei nicht um das Ziel selbst, sondern um die konstante Arbeit daran, dem Weg dorthin.

Und auf diesem Weg solltest du dich gut fühlen.

Dankbarkeit hilft dir, erfolgreich zu sein, indem sie zunächst eine Plattform für die innere Zufriedenheit schafft. Sie wird dir helfen, Momente des Zweifels zu überbrücken und kreative Energie freizusetzen, wenn Hindernisse sichtbar werden. Feiere deshalb nicht erst, wenn du dein großes Ziel erreicht hast, zelebriere ebenfalls jeden kleinen Erfolg auf dem Weg dorthin.

#1: Sei nicht wählerisch

Dankbarkeit beginnt mit den kleinen Dingen im Leben. Und das sind nicht unbedingt nur gute Dinge. Auch für eine Herausforderung darf man dankbar sein. In der Tat kann das Nachdenken über negative oder schwierige Situationen dazu beitragen, das zu definieren, wofür du dankbar sein kannst. Egal also, wie sich die Situation gerade anfühlt, sei nicht wählerisch.

#2: Übe dich in Achtsamkeit

Die Angewohnheit, in der Zukunft oder in der Vergangenheit zu leben, dient nie der Dankbarkeit. Im Moment zu bleiben, durch Meditation oder Atemübungen etwa, ermöglicht es dir, vollständig präsent zu sein. Nimm dir solche kleinen Auszeiten während des Tages. Schweifst du in Gedanken ab, lenkst du deine Aufmerksamkeit sanft wieder auf das Hier und

Jetzt. Was hörst du? Was fühlst du? Was riechst du? Durch unsere Sinne gewinnen wir eine Wertschätzung dessen, was es bedeutet, Mensch zu sein, und was für ein unglaubliches Glück wir haben, dies wahrnehmen zu dürfen. Durch die Linse der Dankbarkeit betrachtet ist jeder Moment ein Geschenk.

#3: Das Dankeschöntagebuch

Schreib es dir auf! Ein solches Tagebuch gibt dir die Möglichkeit, die positiven Situationen, Ereignisse und Aspekte deines Lebens festzuhalten. Bist du einmal nicht so motiviert, kannst du einfach reinlesen und deine Gefühle werden sich in kurzer Zeit zum Positiven ändern. Das können Zitate sein, Begegnungen, erreichte Ziele, Sonnenuntergänge, das Lachen eines Kindes, der Moment, wo du jemandem eine Freude bereitet hast.

Nimm dir täglich Zeit, eine gedankliche Liste von fünf bis zehn Dingen zu erstellen, für die du dankbar bist. Diese Übung hat zwei erstaunliche Wirkungen. Zum einen assoziierst du das Gefühl der Dankbarkeit mit diesen Situationen. Zum anderen wirst du einen neuen Fokus setzen. Dein Gehirn wird im Alltag immer mehr darauf achten, was dich glücklich macht, was die Übung letztendlich vereinfacht, denn du wirst immer mehr Dinge finden, für die du dankbar sein wirst.

#4: Erinnerung und Sprache

Verwende visuelle Erinnerungen. Das können Zitate sein, die du gut sichtbar platzierst, ausgedruckte Fotos glücklicher Momente (aus den Ferien zum Beispiel), eine schöne Statue oder Pflanze. Verankere solche Momente mit Musik oder einem feinen Essen. Der Fantasie sind dabei keine Grenzen gesetzt.

Achte immer auf deine Gedanken!

Wenn du feststellst, dass du nur noch an nicht vorhandene oder negative Dinge denkst, hör auf damit!

Wenn du dich dabei erwischst, wie du Rechtfertigungen erfindest oder schlecht über jemanden denkst, hör auf damit!

Wenn du dich wieder einmal mit jemandem vergleichst, halte inne!

Du kannst dich im Leben dankbarer fühlen, wenn du auf eine positive Wortwahl achtest. Wörter, die dich belasten und / oder dich abwerten, solltest du die nach und nach aus deinem Wortschatz streichen.

Und sei geduldig mit dir!

Manche Dinge brauchen Zeit. In einem ersten Schritt ist es bereits gut, wenn du auf solche Gedanken aufmerksam wirst. In einem zweiten Schritt kannst du das Gedachte dann umformulieren.

Loslassen

>»*Loslassen bedeutet, zu der Erkenntnis zu gelangen, dass manche Menschen oder Situationen Teil deiner Geschichte sind, aber nicht Teil deines Schicksals.*«
>
> *Steve Maraboli*

Lassen wir uns nun auf ein Gedankenexperiment ein. Was wäre, wenn jede Person und jede Situation, die in dein Leben tritt, eine Aufgabe für dich darstellen würde?

Jeder von uns kennt die Situation, wo wir mit einem Arbeitskollegen nicht wirklich klarkommen oder wo wir mit einer Entscheidung, die andere für uns trafen, nicht einverstanden sind. Meistens suchen wir dann das Warum im Außen. Wir versuchen, uns zu erklären, dass es wegen dem und dem nicht wirklich klappt oder dass der oder die das hätte tun sollen.

Ist es wirklich wichtig zu wissen, wer recht hat und wer nicht? Ändert das wirklich etwas an der Situation oder an deinem Gefühl?

Wir klammern uns oft an unseren Denkweisen und Idealen fest, weil wir glauben, wir würden glücklicher sein, wenn wir bekommen, was wir wollen. An etwas festzuhalten, das uns nicht guttut, stellt keinen Lösungsansatz dar. Wenn du die Situation immer wieder in deinem Kopf abspielst, ändert sich diese nicht. Wenn du dir nur wünschst, dass die Dinge anders werden, wird sich nichts verändern. In einigen Fällen wird sich die Lage sogar noch weiter festfahren. Im täglichen Leben und / oder in deinem Kopf.

Lassen wir los und akzeptieren die Dinge, wie sie sind, stellen wir erstaunt fest, dass diese eben nur das sind, was sie sind, ohne die emotionale Komponente.

Dein Blick auf den Arbeitskollegen ändert sich sofort, wenn du ihn nicht als Hindernis, sondern als Möglichkeit siehst, mit deinen Gefühlen ins Reine zu kommen.

Jeder unangenehme Eindruck, jede Form von Sich-blockiert-Fühlen ist eine direkte Antwort auf eine Frage, die in dir unbeantwortet geblieben ist. Wie ein Spiegel reflektiert dir das Leben den Umstand. Ob du dich nun damit beschäftigen willst oder nicht, ist deine Entscheidung. Du kannst dir auch eine Ausrede suchen. Ungelöste Verhältnisse haben aber die Tendenz, sich immer wieder zu zeigen. Du wirst ihnen nicht ausweichen können. Setzt du dich nicht heute damit auseinander, wirst du es ein anderes Mal machen müssen.

»Die Herausforderungen des Lebens sollen dich nicht lähmen, sie sollen dir helfen herauszufinden, wer du wirklich bist.«

Bernice Johnson Reagon

Hab Vertrauen! Man sagt, dass wir nicht immer das bekommen, was wir im Leben wollen, aber wir bekommen immer das, was wir brauchen. Ich glaube das. Ich glaube, dass das Leben dich immer zum Wachsen anspornt. Es stellt dich ständig vor neue Herausforderungen und Hindernisse, die dir helfen können, dich in deinem Menschsein zu erfahren. Liegt nicht eine gewisse Erleichterung darin, sich zu sagen, dass man genau an dem Ort ist, an dem man sein sollte? Denn das bedeutet auch, dass du fähig bist, dich mit dieser Situation auseinanderzusetzen. Das Leben wird dir nie Möglichkeiten bereithalten, die du nicht handhaben kannst. Du würdest diese nämlich gar nicht zur Kenntnis nehmen.

Warum ist aber Loslassen so schwer?

Ohne unsere Vergangenheit würden wir nicht die Person sein, die wir jetzt gerade sind. Alle Lebensabschnitte, all unsere Entscheidungen haben uns zu diesem heutigen Zeitpunkt geführt, die guten wie die schlechten. Wenn wir das nicht akzeptieren, können wir auch einen Teil von uns selbst nicht wirklich akzeptieren.

Loslassen hat mit der eigenen Identität zu tun.

Denn ich muss mir eingestehen, dass ich vielleicht doch nicht so bin, wie ich mich sehe. Manchmal nutzen wir die Vergangenheit auch, um unsere aktuellen Entscheidungen zu rechtfertigen. Und aus diesem Grund weigern wir uns loszulassen. Es geht darum, Verantwortung zu übernehmen. Personen, Dinge oder Situationen zu beschuldigen ist immer einfacher, als zu akzeptieren, dass ein Teil davon in uns liegt.

Wollen wir aber in unserem Leben Veränderungen herbeiführen, müssen wir lernen loszulassen und zu vertrauen. Was also kannst du tun, um in einer solchen Situation wieder zu einem guten Gefühl zu kommen?

Jedes Mal, wenn du dich mit dem Arbeitskollegen unwohl fühlst, nimm dir einen kurzen Augenblick Zeit und gehe in dich. Fühle hinein, in diesen Unmut, in diese Unzufriedenheit. Was will sie dir sagen? Woher kommt das Gefühl? Was in dieser Situation hat deine Emotionen ausgelöst? Welche Verhaltensweise? Kennst du das bereits aus deinem eigenen Leben? Bleibe im Moment. Es zu spüren heißt, es zu akzeptieren. Es anzuerkennen ist der erste Schritt zu einer möglichen Auflösung. Tust du das immer wieder, werden die Situationen, in denen du diese Technik anzuwenden brauchst, immer seltener.

Beginnst du die Dinge loszulassen, hinter denen du dich verstecken kannst, wirst du an Selbstwert gewinnen. Es wird dir zeigen, wer du sein kannst, ohne die Angst. Lässt du die Beurteilung los, schaffst du Raum für Vertrauen. Loslassen wird deinen Stressfaktor deutlich reduzieren, da du nicht mehr musst, aber darfst.

Vergebung

Nehmen wir uns einmal einen kurzen Augenblick Zeit.

An was hältst du fest?

Wir verbringen nicht viel Zeit mit solchen Fragen, denn sie lösen stets ein unangenehmes Gefühl in uns aus. Wut etwa, oder Schuld. Genau deshalb sollten wir genauer hinhören. Denn Ärger oder Hilflosigkeit beeinflussen deutlich unser Befinden. Und unsere Gesundheit. Ja, unser ganzes Leben. Wollen wir nicht loslassen, blockieren wir wertvolle

Energie, die wir brauchen, um Neues entstehen zu lassen.

> *»Wenn Sie vergeben, ändern Sie in keiner Weise die Vergangenheit. Aber Sie ändern auf jeden Fall Ihre Zukunft.«*
>
> Bernard Meltze

Wie kann ich denn der Frau vergeben, die mich einfach sitzen ließ? Oder dem Chef, der mich jahrelang gemobbt hat? Oder dem Vater, der nicht da war, als ich ihn brauchte?

Ich frage dich: Was macht die Erinnerung mit dir?

Damit das klar ist:

• Vergebung bedeutet nicht, dass du die Handlungen anderer entschuldigst.

- Vergebung bedeutet nicht, dass du der Person mitteilen musst, dass ihr vergeben wurde.

- Vergebung bedeutet nicht, dass du keine Gefühle mehr für die Situation haben wirst.

- Vergebung bedeutet nicht, dass plötzlich alles in Ordnung ist.

- Vergebung bedeutet nicht, dass du den Vorfall vergessen sollst.

- Vergebung bedeutet nicht, dass du die Person weiterhin in deinem Leben einbeziehen musst.

- ... und Vergebung tust du für dich und nur dich allein, nie für eine andere Person.

Vergebung mag schwierig klingen, aber seine positiven Auswirkungen auf unsere körperliche und geistige Gesundheit sind unumstritten.

Wir haben alle Träume. Sobald wir aber einmal eine schlechte Entscheidung getroffen oder jemandem vertraut haben, sind wir schnell darin, uns selbst die Schuld dafür zu geben.

Vergeben beginnt immer bei dir selbst.

Diese Selbstvergebung bestimmt direkt unser Vertrauen in unsere Fähigkeiten und den Glauben an eine mögliche Zukunft. Tun wir es nicht, sinken unser Selbstwertgefühl und unsere Motivation, bis hin zu Angstzuständen und depressiven Verhaltensweisen.

Selbstvergebung kommt immer zuerst.

Mach dir klar, was passiert ist. Dann erinnere dich, wie du dich dabei gefühlt hast. Verletzlichkeit kann verwirren. Fakten und Gefühle sind in diesen Situationen gleich wichtig. Wenn wir vergeben, akzeptieren wir die Realität des Geschehenen und finden einen Weg, wie wir damit leben können.

#1: Drück dich aus

Denke an den Vorfall, der dich verärgert hat. Akzeptiere, dass es ihn gibt. Akzeptiere, wie du dich dabei fühltest und es vielleicht noch tust. Wie hat die Handlung auf dich gewirkt? Was für Empfindungen verbindest du mit der Situation? Fasse deine Gefühle in Worte, um sie loszulassen. Nimm also ein Blatt Papier und notiere dir alles. So bringst du Distanz zwischen dich und die Situation.

#2: Suche das Positive

An jeder Situation wachsen wir. Was hast du in der Situation über dich selbst gelernt? Über deine Bedürfnisse? Deine Grenzen? Anstatt nur negativ Behaftetes aufzuschreiben, bitte ich dich nun, auch die Vorteile hinzuzufügen. Statistiken zufolge fällt es leichter, jemandem zu vergeben, wenn wir uns diese positiven Punkte bewusst machen. Für was bist du trotz des Ereignisses dankbar? Was hat dir die Beziehung / Job / Situation Positives gebracht?

#3: Empathie pflegen

Man muss nicht mit jeder Person einig sein. Auch nicht über das, was geschehen ist. Beschließt du, dich in Vergebung zu üben, ist es hilfreich, sich in die andere Person hineinzuversetzen. Versuche zu sehen, welchem Verlangen sie mit ihrem Handeln entgegenkam. Versuche, die Faktoren zu erkennen und zu verstehen, die zur Situation geführt haben. Hat die andere Person wirklich absichtlich gehandelt? Oder waren da noch andere Aspekte im Spiel? Wo liegt deine Verantwortung in dem, was geschah?

#4: Meditieren

Du kannst die Vergangenheit nicht ändern, aber wieder der Gegenwart mächtig werden.

Meditieren ist ein guter Weg, um seinen Gefühlen Raum zu geben. Nimm dir jeden Tag fünf bis zehn Minuten Zeit. Setzte dich an einen ruhigen Ort. Schließe die Augen und konzentriere dich auf deinen Atem.

Wenn du dich entspannt fühlst, erinnere dich an die Situation. Gefühle werden aufkommen. Beobachte sie, ohne zu urteilen. Lass sie geschehen. Spüre, wo sie sich in deinem Körper zeigen.

Du bist nicht das Gefühl, du hast ein Gefühl.

Werden sie zu intensiv, komme einfach zu deinem Atem zurück. Du wirst sehen, dass die mit der Situation verbundenen Emotionen mit der Zeit an Intensität verlieren werden. Du kannst deine Meditation mit einem kurzen Dankesgebet abschließen:

»Ich danke für diesen Moment und
entschließe mich, mir selbst zu
vergeben. Hiermit lasse ich alle
Situationen los, die nicht mehr zu mir
gehören und entscheide mich für
mich.«

Visualisieren

Wie wir gesehen haben, leben wir in einer Welt, die hauptsächlich aus vibrierender Energie besteht. Auch Gedanken sind kreative Kräfte, die sich ständig in unserem Leben ausdrücken.

Sehen wir etwas mit unseren Augen, wird in unserem Gehirn der visuelle Kortex (auch Sehrinde genannt) angeregt. Er übernimmt das unterschiedliche Lichtspektrum und übersetzt es in ein uns verständliches Bild. Nimmst du dir nun die Zeit, dir etwas vorzustellen, benutzt dein Gehirn dieselben Strukturen, um das fiktive Bild vor deinem inneren Auge entstehen zu lassen. Ob der visualisierte Gegenstand nun wirklich da ist oder ob es sich nur um die Vorstellung desselben handelt, spielt dabei keine Rolle. Denn dein Gehirn kennt nur den gegenwärtigen Moment. Mit deiner Vorstellungskraft kannst du dein Gehirn davon überzeugen, dass etwas bereits Teil deines Lebens ist. Das nennt man Visualisieren.

Wir tun so als ob.

Der Schlüssel dazu ist, dass du dir deine Zukunft vorstellst, als würdest du bereits in ihr leben. Dieser mentale Trick hilft dir die Gefühle zu entwickeln, die du dann empfinden wirst, indem du mit Bildern das sympathische Nervensystem stimulierst. Es wird die körperlichen Reaktionen auslösen, die aus der vorgestellten Situation heraus benötigt werden. Du wirst also auf einer körperlichen Basis deine Vision spüren. Als würdest du sie wirklich leben. Diese Eindrücke wiederum werden deiner Vorstellung Leben einhauchen und dein

Unterbewusstsein wird sie deswegen als wahr annehmen.

Der zweite Schlüssel liegt in der Wiederholung. Nur ein Bild zu kreieren – so detailreich wie auch immer – und hineinzufühlen, reicht nicht aus. Das Unterbewusstsein lernt mit der Wiederholung. Immer und immer wieder stellen wir uns dasselbe vor, halten das Bild so lange wie möglich in unserem Kopf aufrecht. Das Gute daran ist, dass wir das überall machen können. Während du auf den Zug wartest, auf den Kaffee im Kaffeehaus, auf dem Weg zur Arbeit. Jeder kann am Tag mindestens fünf Minuten Zeit finden, um sich der Visualisierung seines Ziels zu widmen.

Es gibt einen anderen Grund, warum wir uns Zeit zur Visualisierung nehmen sollten. Wenn wir uns nämlich das gewünschte Ergebnis vorstellen, sehen wir plötzlich auch die Möglichkeiten, wie wir es erreichen können. Wir sind automatisch motivierter und aufmerksamer. Im Sport wird diese Methode schon lange benutzt, um nicht nur die Besten weiterzubringen. Studien haben gezeigt, dass die Visualisierung nicht nur die sportliche Leistung erhöht, indem sie die Konzentration, Präzision und Koordination verbessert, sondern gleichzeitig auch hilft, Angstzustände zu vermindern. Das tut sie, indem sie deinen Selbstwert stärkt. Gehst du nämlich davon aus, dass du ein Ziel schon erreicht hast, wirst du dir auf dem Weg dorthin nie die Frage stellen, ob du es überhaupt erreichen kannst.

#1: Die Schatzkarte

Dies ist eine Visualisierungstechnik, die sowohl die physische als auch die mentale Ebene miteinbezieht. Hierfür stellst du dir das gewünschte Resultat vor. Zum Beispiel eine Diplomprüfung. Stell dir nun alle beteiligten Faktoren vor. Wie sieht das Gebäude aus? Was trägst du für Kleider? Wer ist bei dir? Gestalte deine Vision so detailliert wie möglich. Es ist nicht das Bild selbst, das dir hilft, sondern das, für was es steht. Also keine Hemmungen, falls du einmal etwas nicht sofort vor deinem inneren Auge sehen kannst. Du kannst es auch durch etwas anderes ersetzen, das dieselbe Bedeutung für dich hat.

#2: Ein Filmchen drehen

Mit dieser Technik stellst du dir das zu Erreichende als einen Film vor. Du bist der Regisseur. Lehne dich entspannt zurück, schließe die Augen und versuche, die Szene, die du visualisieren möchtest, in einen Film einzubetten. Du bist die Hauptperson darin. Hast du Farben und Formen, Personen und Orte, dann verpasse dem Ganzen einen Soundtrack. Baue dir deinen Film langsam auf, als würdest du manuell Szene um Szene gestalten müssen. Was fühlst du? Was riechst du? Was sagst du? Zu wem?

Diese Technik konzentriert sich auf die Veränderung des Empfindens vergangener Momente. Oftmals tragen wir Gegebenheiten mit uns herum, an die wir nicht wirklich erinnert werden wollen. Weil wir in einer bestimmten Situation nicht richtig gehandelt, etwas nicht begriffen haben oder in einer anderen Form verletzt wurden. Diese Erinnerungen blockieren wertvolle Energie und lassen Gefühle wie Schuld, Wut oder auch Selbstabwertung immer wieder zu. Das ist hinderlich, wenn du dir ein neues Ziel setzen möchtest.

Die Methode funktioniert folgendermaßen: In deinem Kopf spielst du die Szene durch, die zu dem Gefühl geführt hat. Erlebe in einem ersten Durchlauf, was du wirklich empfunden hast. Dann gehe zurück und schreibe die Szene neu. Wie erfährst du dich nun? Falls du dich immer noch unwohl fühlst, ändere die Szene erneut. Dabei spielt es keine Rolle, ob du die Realität änderst. Es geht darum, loszulassen und dich in diesem Kontext wieder gut zu fühlen. Nach einigen Wiederholungen wird dein Gehirn die neue Version akzeptieren und feststellen, dass es hierfür keine Energie mehr zu blockieren braucht. Die unangenehmen Empfindungen werden verblassen.

#4: Meditation

Meditation als Basis zur Visualisierung zu benutzen, stellt eine andere Herangehensweise dar. Bei der Meditation ist die Visualisierung nur ein Nebenprodukt des Meditierens. Durch das In-sich-gehen erhältst du schnell Zugang zu dir selbst und zu jenen Dingen, die in dir bereits arbeiten. Die Idee beim Meditieren besteht darin, das Gehirn vollständig zu leeren und ihm die Möglichkeit zu geben, dorthin zu gehen, wo es möchte. Du bleibst lediglich der Beobachter des Ganzen. Du erzwingst in diesem Fall die Gedanken und Bilder nicht selbst, sondern vertraust auf die innere Führung, dem etwas auf natürliche Weise ins Bewusstsein gerät. Diese Bilder kannst du dann in deiner Wahrnehmung verändern und anpassen.

Journaling

»Jedes Mal, wenn du einen Eintrag in deinem Tagebuch machst, öffnest du eine weitere Tür in dir.«

Lucia Capacchione, M. A.

Viele von uns kennen das Tagebuch von früher. Es half mir in meiner Jugendzeit, meine Gedanken und Gefühle auszudrücken und meinem inneren Erleben Worte zu geben. Was viele vielleicht nicht wissen: Diese Form des Schreibens hat neben der emotionalen auch eine mentale Komponente. Wir können durch das Festhalten der Augenblicke Klarheit bekommen und so besser mit den Schwierigkeiten und

Unsicherheiten des Lebens umgehen. Indem du negative Situationen aufschreibst und datierst, ist es dir möglich, immer wiederkehrende Muster zu erkennen.

Aber wieso sollte ich das überhaupt tun?

Du wärst erstaunt, wie schnell man vergisst. Versuch hierzu einmal, dich an letzten Montag zu erinnern. Was hast du getan, gefühlt, gesehen, erlebt? Schreiben schärft deine Sinne. Du wirst ein besserer Beobachter, denn wenn wir wissen, dass wir über etwas schreiben werden, widmen wir dem Leben automatisch eine andere Form der Aufmerksamkeit. Es geht bei den Einträgen auch nicht darum fest-zuhalten, was man gegessen hat – das kann man auch per Post auf Facebook tun –, sondern vielmehr darum, Gedanken und Gefühle mit Situationen zu verknüpfen. Regeln gibt es keine. Du kannst schreiben, was und so viel du willst. Was bewegt dich? Was läuft in deinem

Gedankenkarussell? Was sind die kleinen freudigen Momente, die du erlebt hast?

Wenn du Sport treibst, dann braucht dein Körper Erholungsphasen. Würdest du immer weitermachen, kämst du in kürzester Zeit an eine unüberwindbare physische und psychische Grenze. Das Schreiben ermöglicht es dir, deinem Gehirn eine solche Ruhepause zu gönnen. Viele von uns sind ständig unter Strom, ständig am *Machen*, und vergessen allzu oft das *Sein*. Gerade in der schnelllebigen Zeit, in der wir uns bewegen, in der so viel auf einmal passiert, kann man sich manchmal etwas überwältigt fühlen. Schreiben hilft zum Entspannen. So viel zum Tagebuchführen, wie wir es kennen oder kannten.

Wir haben ja gesehen, dass unser Gehirn nicht den Unterschied zwischen realen und mentalen Bildern machen kann, da es immer im Augenblick reagiert, auch wenn du über etwas Vergangenes nachdenkst, oder dir etwas in der

Zukunft vorstellst. Und genau das machen wir uns beim Journaling zunutze.

#1: Von der Genügsamkeit

Zu Beginn jedes Eintrages gebe ich dem Raum, wofür ich dankbar bin. Was ist in meinem Leben Gutes geschehen? Worauf kann ich stolz sein? Wie weit bin ich seit dem letzten Eintrag in meinen Projekten gekommen? Was hat mich in der Zwischenzeit inspiriert und berührt?

Das ermöglicht mir, meine Energie auf das Positive zu fokussieren. Und bekanntlich schreibt es sich einfacher, wenn man sich gut fühlt.

Schreibe Einzelheiten dazu, Details, kleine mit deinem Weg verbundene Momente. Diese geben deinen Ideen, Zielen und Plänen einen Rahmen.

#2: Die Zukunft, mein Schatz, die Zukunft

In einem zweiten Teil stelle ich mir nun vor, wie mein Leben aussehen wird, wenn ich einmal mein Ziel erreicht habe. Ich schreibe mir auf, wie ich mich dann fühlen werde, wie ich dann denke, was ich mache. Du kannst gern Details wie Farben, Gerüche oder Geräusche hinzufügen. Meine Freude besteht darin, mir den Ablauf eines Tages in diesem neuen Leben vorzustellen. Wer wird da sein? Wie und wo lebe ich? Wie fühlt es sich an? Was sind die zukünftigen Momente, für die ich dankbar sein werde? Schreibe deine Gedanken auch hier im Präsens auf.

#3: Der Weg dorthin

In einem dritten Teil notiere ich mir alles, was ich in den nächsten 30 Tagen dafür machen möchte. Was sind die einzelnen Schritte? Was brauche ich dazu? Bis wann möchte ich das erledigt haben? Eine Art To-do-Liste für die kommenden 4 Wochen also. Um die gewünschten Resultate zu bestärken, füge ich Affirmationen hinzu, die mir helfen werden, den Fokus zu halten.

Beispiel: »*Mein neues eBook, (Titel), ist am (Datum) fertig. Schreiben wird immer einfacher für mich. Es fühlt sich großartig an, zu sehen, dass es sich in kürzester Zeit gut verkauft. Meine Bücher verkaufen sich jeden Tag besser und besser. Ich bin dankbar dafür, meinen Traum vom Schreiben zu leben.*«

Mit dem Journaling benutze ich die Kraft meiner Gedanken, um die Realität zu erschaffen, in der ich leben will.

Ich schreibe mich in mein neues Leben.

Meditation

Was ist Meditation überhaupt? Viele assoziieren damit stundenlanges Stillsitzen in mehr oder weniger unkomfortablen Positionen. Der heutige Mensch ist kein geduldiges Wesen und deshalb wirkt die Idee etwas fremd. Als Meditation kann man eine Reihe von Techniken definieren, die einen veränderten Bewusstseinszustand und eine fokussierte Aufmerksamkeit fördern. Seit Tausenden von Jahren wird Meditation in Kulturen auf der ganzen Welt praktiziert. Dabei ist es nicht von Bedeutung, ob es nun aus religiösen und spirituellen oder anderen Lebensumständen getan wird.

Es gibt viele Techniken, wie man meditieren kann. Grundlegend können wir zwischen zwei Arten unterscheiden:

In der *konzentrierten Meditation* legen wir den Fokus unserer Aufmerksamkeit auf ein bestimmtes Objekt und blenden alles andere einfach aus. Ob es sich nun um deinen Atem handelt, ein bestimmtes Wort oder ein Mantra, spielt dabei keine Rolle. Ziel dieser Form der Meditation ist es, durch Konzentration Gedankengänge zum Schweigen zu bringen und dadurch Raum für Stille zu schaffen.

In der *Achtsamkeitsmeditation* hingegen, öffnen wir uns für den gegenwärtigen Moment, werden uns bewusst, was um uns und in uns geschieht, ohne zu urteilen oder Einfluss nehmen zu wollen. Die wohl bekanntesten Beispiele dafür sind die achtsamkeitsbasierte Stressreduktion (MBSR) oder die achtsamkeits-basierte kognitive Therapie (MBCT).

Aber was bringt meditieren überhaupt? Forschungen haben gezeigt, dass Meditation sowohl physiologische als auch psychologische Auswirkungen haben kann. Zu den positiven Effekten gehören die Reduktion von Stress, die Stärkung des Immunsystems oder auch die Senkung des Blutdrucks. Nicht zuletzt hilft es, unsere Gedanken anzuhalten. In der dabei entstehenden inneren Stille gibt es plötzlich Raum für Gefühle und innere Wünsche, die wir durch das Gedankenkarussell in unserem Kopf nicht mehr wahrnehmen. Ohne Gedanken gibt es auch keine Ängste mehr. Wir sind ganz bei uns selbst .

> *»Andauernde Gedankenaktivität hält dich in der Welt der Form gefangen und wird zu einer undurchsichtigen Trennwand, die verhindert, dass du dir des Unmanifesten bewusst wirst. «*
> *Eckhart Tolle*

In der Stille zu sitzen bringt uns in einen Zustand wacher Aufmerksamkeit, der von der Frequenz her derjenigen ähnelt, die unser Gehirn in der Einschlafphase annimmt. Diese Frequenz ermöglicht eine offene Kommunikation zwischen Bewusstsein und Unterbewusstsein. Geschehenes kann verarbeitet werden, Erfahrenes gespeichert. Solche Momente des Austausches sind wichtig, um Stress abzubauen und Anspannungen zu lösen.

Aber wie meditiere ich? Es gibt unzählige Techniken und ich lade dich ein, diejenige zu finden, die dir am meisten zusagt. Im Folgenden werde ich dir eine vorstellen, die du stets und überall machen kannst. Alles was du brauchst, sind fünf Minuten und einen ruhigen Ort.

- Schalte das Handy und alle anderen Ablenkungen (Fernseher, Radio ...) ab. Schau, dass du bequem sitzt oder liegst.

- Atme mehrmals tief ein und aus, bis du fühlst, dass du dich innerlich langsam beruhigst.

- Lenke nun deine Aufmerksamkeit auf deine Nasenspitze. Fühle, wie kühle Luft beim Einatmen in dich hineinströmt und wie du warme Luft ausatmest. Bleibe einen Augenblick bei dieser Beobachtung, ohne irgendetwas beeinflussen oder daran ändern zu wollen.

- Haben sich die Gedanken beruhigt, beginnst du deinen Körper wahrzunehmen. Deinen Kopf, deine Schultern, dein Becken, deine Arme und Beine. Nimm dir Zeit zu spüren, wo dein Körper Kontakt mit deiner Umgebung hat, spüre die Sitzfläche, die Luft auf deiner Haut. Fühlt sich etwas angespannt an? Atme hinein, bis es sich löst und du dich entspannt und eigenartig frei fühlst.

- Konzentriere dich nun auf das, was du erreichen, auf das, was du in deinem Leben haben möchtest. Stell dir in allen Einzelheiten vor, wie das aussehen wird. Füg Farben hinzu, Musik, Gefühle. Schraub deine Gefühle hoch.

Gib ihnen mehr Tiefe und beobachte, was diese Wahrnehmung mit dir macht. Halt das Bild so lange aufrecht, wie du kannst. Verlierst du es zu einem bestimmten Zeitpunkt, kannst du dich wieder einige Augenblicke deinem Atem zuwenden und es dann wieder vor deinem inneren Auge entstehen lassen.

- Irgendwann wirst du spüren, dass es Zeit ist, wieder ins Hier und Jetzt zurückzukehren. Lass dir Zeit dafür. Der Moment wird noch eine Weile nachwirken. Und das soll er auch.

Affirmationen

Affirmationen haben Tausenden von Menschen geholfen, bedeutende Veränderungen in ihrem Leben vorzunehmen.

Ich stieß auf dieses wunderbare Tool durch die Bücher von Louise Hay. Sie vertritt die Ansicht, dass wir durch unsere täglichen Gedanken unser Leben gestalten und sogar unsere Zukunft beeinflussen können.

Ob nun positive oder negative Gedanken, jeder einzelne wirkt in unserem Leben in gleicher Weise, bewusst oder unbewusst, ob wir es nun wollen oder nicht.

»Achte auf deine Worte, sie werden zu Taten. Achte auf deine Handlungen, sie werden zu Gewohnheiten. Achte auf deine Gewohnheiten, sie werden zu Charakter. Achte auf deinen Charakter, er wird dein Schicksal.«

Frank Outlaw

Die Wörter, aus denen sich eine Affirmation zusammensetzt, lassen mentale Bilder entstehen und wirken auf unser Unterbewusstsein, das wiederum unser Verhalten, unsere Gewohnheiten, Handlungen und Reaktionen beeinflusst.

Das Gehirn ist ein komplexes Netzwerk, das Informationen aller Art empfängt und sendet. Jede dieser Aktionen besteht hauptsächlich aus der Kommunikation zwischen Zellen und Neuronen. Aufgrund der Menge an Informationen, die das Gehirn jede Sekunde erreicht, muss diese Kommunikation so schnell wie möglich sattfinden. Diese Beschleunigung erreicht unser Köpfchen durch das Zurückgreifen auf bereits gespeicherte Reaktionsweisen, Muster und Programme. In hektischen Zeiten wird es einfach den entsprechenden Prozess auslösen und zur nächsten Situation übergehen. Die Reaktionsweise wird dann abgespult – unabhängig davon, ob sie nun angebracht ist oder nicht. Und genau dort liegt das Problem.

Die gute Nachricht ist, dass dein Gehirn immer an neuen Inhalten interessiert ist. Es sucht ständig nach Informationen, um deine Umgebung besser verstehen können. Und genau das machen wir uns bei den Affirmationen zunutze. Hierzu gilt es aber, gewisse Regeln zu beachten:

1) Affirmationen sollten immer im Präsens sein. Beginnst du eine Affirmation mit »Ich werde das können«, versteht das dein Gehirn

nicht. Mach »Ich kann das« draus. Halte eine Affirmation so kurz und prägnant wie möglich.

2) Affirmationen sollten nur positive Begriffe enthalten. Auch keine Verneinung. Das Gehirn kann ein ›nicht«‹ nicht verstehen. Machst du eine Aussage wie »Ich weine nicht«, nimmt das Gehirn den Satz auseinander und versteht zwei Befehle, einmal ›nicht‹ und einmal ›weine‹. Es wird versuchen, diese unabhängig voneinander auszuführen. Auch ein Beispiel wie »Ich verliere Gewicht« ist nicht ideal. Das Wort ›Gewicht‹ ist negativ behaftet (man will ja die Pfunde verlieren). Lieber »Ich werde schlanker«.

3) Affirmationen werden als Tatsachen- und Wahrheitsaussagen ausgesprochen. Anweisungen, die Wörter wie ›möglicherweise‹ oder ›könnten‹ enthalten, schwächen Leitsätze nur unnötig ab. Auch Anfänge wie ›Ich will‹ oder ›Ich brauche‹ sollten gemieden werden. Stelle

dir auch hier vor, du hast etwas bereits erhalten oder erreicht und bist nun dankbar dafür.

4) Affirmationen enthalten Handlungsanweisungen. Ein wichtiger Teil ist das Einfügen von Wörtern, die es dem Gehirn erlauben einzuschätzen, wie etwas sein wird. Verwende beispielsweise Begriffe wie ›leicht‹, ›selbstbewusst‹, ›fröhlich‹, ›kraftvoll‹ oder ›mühelos‹. Wie in »Es gelingt mir mühelos, Geld zu verdienen.«

5) Affirmationen enthalten Gefühle. Um das Programmieren des Unterbewusstseins zu beschleunigen, kannst du der Affirmation eine emotionelle Komponente hinzufügen. Nehmen wir einmal an, du bereitest dich auf eine Prüfung vor. Dann könntest du dir sagen: »Ich kann das Examen problemlos bestehen.«

Hört sich nicht sehr gefühlvoll an, oder?

Mit Gefühl könnte man sagen: »Es fühlt sich gut an, das Examen mit Leichtigkeit zu bestehen.«

Spürst du den feinen Unterschied?

> »Man glaubt das, was man sich oft genug wiederholt, egal ob die Aussage wahr oder falsch ist. Sie wird zum dominierenden Gedanken im Kopf.«
>
> Robert Collier

Der Trick bei Affirmationen liegt in der Wiederholung derselben. Immer und immer wieder. Um effizient arbeiten zu können, stärkt das Gehirn die Verbindungen zu den gespeicherten Reaktionsmöglichkeiten immer mehr, je öfter du dasselbe denkst, fühlst oder tust. Je stärker also die Verbindung, desto weniger Energie braucht es, um die Reaktion auszulösen.

Denke zum Beispiel an die Zeit, in der du gelernt hast, Fahrrad zu fahren. Zuerst war das eine wackelige Angelegenheit. Du wusstest zwar, wie das funktioniert, musstest aber immer wieder den Fuß auf den Boden setzen, um nicht umzufallen. Und dann irgendwann ging das wie von selbst. Würde ich dir nun ein Fahrrad zur Verfügung stellen, würde dein Gehirn sofort wissen, was zu tun ist. Du hast die Bewegungsabläufe verinnerlicht.

Ein kurzer Abschnitt noch zu gewissen Aussagen. Es mag vorkommen, dass man eine Affirmation gar nicht glauben kann, da sie unwahrscheinlich klingt. Es fühlt sich so an, als würdest du dich selbst damit belügen. Daher scheint es auch unnatürlich, etwas Unwahres zu wiederholen. Stößt du auf einen solchen Leitsatz, ist das ein Zeichen dafür, dass du ihn brauchst. Je unangenehmer das damit geweckte Gefühl, desto wichtiger ist die Affirmation.

Du kannst das Unbehagen umgehen, indem du die Möglichkeit einer Steigerung einbeziehst. Du setzt damit nicht voraus, dass du etwas schon kannst, sondern überzeugst dich davon, dass du auf dem Weg dorthin bist. Aus »Ich bin wertvoll« kann mit dieser Technik »Ich glaube jeden Tag mehr und mehr daran, dass ich wertvoll bin« werden. Du kannst auch wahlweise mit »Ich bin offen für ...«, »Ich freue mich auf ...« oder »Ich bin bereit, zu glauben, dass ...« beginnen.

Eine andere Technik besteht darin, die Affirmation in eine Frage zu packen. Das fordert das Gehirn heraus, eine Antwort darauf zu finden. Man könnte eine Affirmation deshalb auch mit »Wie kommt es, dass ...?« oder »Werde ich ...?« oder auch »Was wenn ...?« beginnen: »Wie kommt es, dass ich mich immer wertvoller fühle?«

Wie du Affirmationen schreibst

-   Wähle einen negativen Gedanken, den du immer wieder hast, und schreibe dir das Gegenteil dazu auf. Du denkst zum Beispiel oft: »Ich mache immer Fehler.« Dann könnte die Affirmation in etwa so aussehen: »Es fühlt sich gut an, fähig zu sein«.

-   Wiederhole die Affirmation regelmäßig. Schreib sie dir auf und platziere sie dort, wo du sie immer wieder siehst; nimm sie dir auf und hör sie dir täglich an. Welche Methode auch immer du wählen wirst, Ziel ist es, den Satz immer und immer wieder zu wiederholen.

Selbstliebe (V.I.P)

Viele Menschen akzeptieren, was auch immer das Leben für sie bereithält. Es ist eben, wie es ist. Dabei arrangieren sie sich mit den Möglichkeiten, die sie zu haben glauben.

Das ist nichts Verwerfliches an sich.

Ich möchte dich hiermit dazu ermuntern, deine Art zu leben nicht dem anzupassen, was ist, aber dem, was du brauchst.

Warum? Weil dich kleine Dinge auf die Dauer mehr Energie kosten, als wenn du gleich von Anfang an die bessere Variante gewählt hättest.

Nimm als Beispiel die Jacke, deren Reißverschluss nicht mehr schließt. Sie zwingt dich bei kaltem Wetter, sie mit der Hand zuzuhalten. Nimm das billige Hotelzimmer, das dann doch hellhörig und unangenehm ist. Nimm die Socken mit den Löchern drin, die dich beschämt daran hindern, deine Schuhe vor anderen auszuziehen. All diese Situationen kosten Energie und zerren am Selbstbewusstsein, wenn auch manchmal nur unbewusst. Alle Situationen erinnern dich daran, was ist und nicht, wie du es haben möchtest. Und alle haben direkten Einfluss auf dein Wohlfühlen und deinen Selbstwert.

Mach dich zum V.I.P in deinem eigenen Leben!

Ich habe lange gedacht, dass ich gewisse Dinge nicht wert bin. Das Problem dabei ist, dass ich für mich keinen minimalen Standard festgelegt hatte. Ich akzeptierte, was immer die Umstände mir boten, was ich mir leisten konnte, ohne es in irgendeiner Form zu hinterfragen. Ich kann dir versichern, es geht hier nicht um Geld. Es geht darum, dich aus der Komfortzone herauszubringen. Es geht darum, deine Erwartungen an dich selbst immer mehr anzuheben, dich immer mehr zu akzeptieren und zu lieben.

Und es muss ja nicht immer teuer sein. Der Klassenwechsel im Zug, der dich in die Ferien bringt, ist oftmals gar nicht so teuer, wie du denkst. Das Gefühl aber, das dir die Erfahrung bringen wird, ist unbezahlbar. Sei gut zu dir. Belohne dich für deine Arbeit und feiere selbst kleine Erfolge auf eine besondere Weise. Du wirst sehen, wie schnell sich ein Wohl-fühlelement in deinen Alltag schleicht.

Selbstwert besteht auch darin, den Job zu haben, den man gern macht, Zeit mit den Menschen zu verbringen, die einem am Herzen liegen, oder eben tun und lassen zu können, was immer man möchte. Es geht also in erster Linie nicht um den materiellen Wert, sondern um die Momente, die du für dich schaffst. Ein Nachmittag mit einem guten Buch auf einer Parkbank ist ein Geschenk. Lange Zeit verbot ich mir diese kleinen Auszeiten. Was würden denn die anderen darüber denken? Und ich sollte doch noch ...! Mittlerweile ist es für mich der größte Luxus, dann einkaufen zu gehen, wenn andere arbeiten, oder mich am Morgen spontan zu entscheiden, den ganzen Nachmittag mit den Kindern am Strand zu verbringen. Das ist Selbstliebe. Diese Freiheit ist Lebensqualität.

Wie kannst du nun deinen Alltagsstandard anheben?

Kreiere kleine Rituale. Gönn dir eine kleine Pause, einen Kaffee, ein Croissant. Kaufe dein Parfüm nicht mehr beim Discounter, sondern in einer Parfümerie und mach aus dem Besuch der Filiale etwas Besonderes. Anstatt dir innerhalb von drei Monaten drei billige Pullis kaufen zu müssen, weil deren Qualität nicht lange hält, nimm dir bewusst Zeit und wähle einen aus, der vielleicht ein bisschen teurer ist, den du aber dafür auch länger tragen kannst. Qualität vor Quantität. Anstatt normales Duschmittel zu benutzten, kauf dir Badesalz für deine Zeit in der Wanne. Nimm dir eine Auszeit und höre dir inspirierende Podcasts an oder lies ein motivierendes Buch häppchenweise. Kauf dir Blumen! Halt dich nicht mit dem Gebrauch von schönem Geschirr zurück. Dieses ist nicht nur für spezielle Momente da. Zieh die schönen Kleider auch an, wenn du nirgends eingeladen bist. Bezieh dein Bett öfter frisch und wechsle öfter die Handtücher im Badezimmer. Als würdest du die Gastfreundschaft eines Hotels genießen, einfach zu Hause. Erlaubt ist alles, was dich und dein Leben in irgendeiner Weise besonders macht.

Probier es einfach mal aus!

Glückssucher

»Wenn du deine Sicht auf die Dinge
veränderst, verändern sich die Dinge,
die du siehst.«

Dr. Wayne Dyer

Was für ein Mensch muss ich sein, damit ich meine Träume leben kann? Folge der Freude! Wir sind umgeben von einer überwältigend vielfältigen Welt. Wunder geschehen jeden Tag. Ich möchte dich dazu inspirieren, die im Alltag neu zu entdecken. Das Leben hält selbst in den unangenehmsten Momenten Lichtblicke für diejenigen bereit, die sie sehen möchten. Egal in welcher Situation du bist, du kannst dich für etwas oder gegen etwas entscheiden. Willst du dich weiterhin ungut fühlen, Angst haben, dich sorgen? Oder beschließt du, der Freude zu folgen, der lebensbejahenden Seite, dem, was du dir wünschst?

Glück ist eine Art zu leben.

#1: Was tut dir gut?

Der erste Schritt besteht darin, zu wissen, was dir guttut. Viele Leute sind so beschäftigt damit, Dinge für andere zu tun, dass sie gar nicht mehr wissen, wann sie sich gut fühlen. Was tut dir gut?

#2: Was tut dir nicht gut?

Was macht dich unglücklich? Was kostet dich Überwindung? Gibt es Menschen oder Situationen, die dir schlechte Gefühle geben?

Wenn dein Job dich unglücklich macht, ist es vielleicht an der Zeit zu gehen. Wenn eine Person dich immer schlecht behandelt, solltest du sie vielleicht meiden. Wenn bestimmte Nahrungsmittel dir immer wieder gesundheitliche Probleme bereiten, nimm sie nicht mehr zu dir.

#3: Mach dem Glück einen Platz

Frag dich: Macht mich das glücklich oder nicht? Wenn Nein, kann es weg.

Was dich nicht glücklich macht, kann weg.

Sag auch einmal Nein. Und wenn jemand damit nicht einverstanden ist, ist das sein Problem. Aber du bist es dir wert, auf dich zu hören. Such die Momente, die in dir die Freude wecken, gib ihnen mehr Raum, lass sie immer mehr Platz in deinem Leben einnehmen. Arbeite jeden Tag an deinen Träumen, auch wenn es nur fünf Minuten sind.

Denn Zeit ist kostbar.

Ein Menschenleben besteht durchschnittlich aus 2 522 Milliarden Sekunden. Und jetzt, wo du das gelesen hast, sind es schon einige weniger. Diese 80 Jahre verbringen wir statistisch gesehen folgendermaßen:

- 31 Jahre mit Medienkonsum (davon 12 Jahre Fernsehen)
- 24 Jahre schlafen wir (und verbringen zusätzlich 7 Jahre beim Einschlafen und Aufwachen, also auch im Bett)
- 12 Jahre reden wir (davon 1,5 Jahre am Telefon)
- 8 Jahre arbeiten wir
- 6 Jahre essen wir (11 Tage kochen wir)
- 3 Jahre verbringen wir in den Ferien
- 2 Jahre in der Badewanne

- 16 Monate verbringen wir mit Putzen
- 9 Monate spielen wir mit unseren Kindern
- 235 Tage verbringen wir in einer Warteschlange (Supermarkt, Post, Bank ...)
- 219 Tage im Stau

Hast du beim Durchlesen auch ab und zu mal gestockt und dich gefragt, kann das wirklich sein? Unsere Zeit hier ist begrenzt. Was sind die Dinge, die dir wichtig sind? Was möchtest du in deinem Leben noch erleben? Gehst du Situationen aus dem Weg, obwohl du innerlich spürst, dass du dich damit befassen solltest? Was ist dir wirklich wichtig?

2 522 880 000 Sekunden, 80 Jahre. Und doch.

Freude ist immer nur eine Entscheidung entfernt.

Jean-Pascal Ansermoz wurde als Schweizer im September des Jahres 1974 in Dakar (Senegal) geboren. Er ist einer, der mit Leichtigkeit über den Röschtigraben springt, schrieb er doch bis 2009 nur in französischer Sprache. Weltenbürger, Romand und Deutschschweizer in einem: ein Autor mit Hang zum Kriminellen, aber auch zu Poetischem, Literarischem, Alltäglichem und Besonderem.

Mehr Infos unter: **www.jeanpascalansermoz.ch**